W0415291

Allons-y, Alonzo !

ou

Le petit théâtre de l'interjection

Marie Treps

Allons-y, Alonzo !
ou
Le petit théâtre de l'interjection

Seuil

COLLECTION DIRIGÉE PAR NICOLE VIMARD

En couverture : Dessin de Serguei.

ISBN 2-02-020051-1

À Lili,
pour Mina et Lu.

Avant d'y aller

Dans le « jardin extraordinaire » des locutions françaises, à côté du grand massif exubérant des expressions figurées, poussent des fleurs vivaces, vite fanées mais sans cesse renouvelées. Elles attirent aujourd'hui nos regards.
Répétées dans un petit milieu ou par tous les francophones, pendant une saison ou durablement, un peuple foisonnant de formules acquiert le statut social remarquable d'allusion culturelle. Proches de la citation, parfois du mot historique, voire du slogan publicitaire ou de la boutade politique, ces phrases et formules sont en général négligées des dictionnaires, du fait même de leur labilité. Les choses changent, et c'est tant mieux, mais les recueils généraux ne peuvent jamais explorer les recoins de ce territoire mouvant, celui des « manières de dire ». Dommage, lorsqu'elles mettent en œuvre la musiquette qui confère aux scies les plus banalisées une minuscule vertu poétique. Trois fois dommage, quand elles mettent en scène les sonorités signifiantes pour animer le discours quotidien.

La flûte merveilleuse des rhétoriques s'accompagne volontiers du glockenspiel des syllabes allitérées, et dans la solennité creuse du discours social, on croit alors entendre, quelques secondes, un pétulant Papageno. Petite musique, petit théâtre, voilà ce que Marie Treps a su déceler dans la banalité des conversations familières.

Ce qu'on nomme savamment « pragmatique » et qui concerne les rapports des signes avec leurs utilisateurs se trouve ici abordé à travers ce phénomène universel : l'adresse, l'interjection, qui devient sur un autre registre l'invocation. Pittoresque et transgressive, l'injure est une autre variation sur ce thème : elle est d'ailleurs mieux décrite, avec quelque démagogie, que l'interjection neutre. Celle-ci établit le contact (c'est la fonction « phatique » du langage, nous disait Roman Jakobson) de manière réelle – c'est à Alonzo que je parle – ou fictive, comme dans la locution-titre. Et c'est cette fiction, ce déplacement d'interlocuteur, qui crée un effet, un jeu – comme une pièce mal serrée joue sur son axe – et, quelquefois, un jeu au sens ludique.

Marie Treps a mis au point les dosages et le shaker de ce cocktail langagier : un impératif ou un exclamatif, un nom propre – en général un prénom – sont les ingrédients nécessaires ; la rime et l'allitération jouent le rôle d'angustura. Rime sans nulle raison : c'est plus gai. Ceci peut rapprocher ces interjections guillerettes du calembour. On se souvient que l'immense poète Hugo, qui les adorait, saluait dans les calembours « la fiente de l'esprit qui vole ». Avant de s'indigner (T'as tort, Victor ! ; Bigot, Hugo !), il

faut voir là une profonde philosophie du guano. Le jeu formel le plus grossier, qu'il s'exerce sur la syllabe – forme vide, réceptacle entrouvert – et le voilà transfiguré, engrais de fleurs inattendues.
Ce qui me charme dans ce petit recueil, c'est la précision de la cible, alors que les livres de plaisir, heureusement nombreux, portant sur notre douce langue, s'égarent volontiers sur des objets entièrement flous. Ici, en revanche, un procédé précis est lestement décortiqué, expliqué, exemplifié. Au lecteur d'ajouter ses trouvailles, ses découvertes. En outre, ce jeu de langage n'est pas seulement un code formel, comme dans le verlan. Il met en œuvre plusieurs enjeux, ce jeu ; il trotte du sens à la forme, pour mieux décorer l'échange familier. Il en est de ces interjections comme des ornements de la musique baroque. Sans elles, la mise en rapport des interlocuteurs serait sèche, rectiligne, efficace mais froide. C'est l'ironie et la verve populaire, la connivence et le clin d'œil, la mode et la moquerie, la vie même et le passage menant du personnel – par la nature même de l'énoncé – au collectif – par ses propriétés allusives. Un joli et moderne chapitre d'un art oublié, celui de la conversation.
Non que les formulettes gaiement répertoriées et commentées dans ce petit livre soient également réussies. Au cocktail de l'interjection, pour qu'il soit délectable, il faut la justesse rythmique, la brièveté, la drôlerie. Les formules que vous allez retrouver ou découvrir n'évitent pas toujours la platitude, la redondance et la cacophonie. Mais la vie du langage est aussi là, et toute formule vivante, c'est-à-dire popularisée, engendre son échec.

Je trouve dans cette petite comédie interjective, à côté de l'exploration valeureuse d'un coin négligé du français, un hommage à la vitalité spontanée de l'usage. J'y trouve surtout l'agrément d'un regard malicieux sur des coutumes de discours qui passent presque inaperçues et qui, pourtant, racontent un petit coin de notre balbutiante époque.

Alain Rey

Allons-y voir

Le langage s'offre parfois comme territoire ludique à ceux qui, épargnés par l'esprit de sérieux, trouvent là l'aubaine d'un divertissement convivial. Cette possibilité récréative suscite en moi un intérêt particulier et, quand elle se manifeste ici ou là, j'en enregistre spontanément les modalités.

« Bon, allons-y, Alonzo ! » dit Pierrot à Marianne...
Tout a commencé avec cette fameuse réplique échappée d'un scénario échoué sur mon bureau : *Pierrot-le-fou*. L'obsédante petite musique de mots me trottait dans la tête : alon-zi-alon-zo-alon-zi... Merci Godard.
... Alonzo n'est pas resté longtemps seul à occuper mes pensées, d'autres, par lui ressuscités, l'ont bientôt rejoint : Blaise... *À l'aise, Blaise !* et Raoul... *Cool, Raoul !* et Max... *Relax, Max !*...
La machine infernale était lancée, la liste s'allongeait, le démon de la collection me talonnait. Suivi bientôt par celui de la curiosité, qui ne me laisse pas en paix, un démon questionneur, un enquiquineur : « ... Qu'est-ce que c'est que ÇA ? – Des formules assorties d'un prénom, qui n'est que prétexte à rimes

de mirliton. – Mettons. Tout le monde en connaît, c'est dans l'air. Ça se dit. Par jeu. Affaire classée… – Mais ça ne date pas d'hier ! Il existe des précédents fort anciens, jadis relevés par des esprits curieux. – Allons bon. – Et la liste des nouveautés n'est pas mince. *C'est pas tout cuit, Louis !* – Tu inventes à présent ? – L'occasion fait le larron. – Bon. Revenons à nos petits pas-grand-chose… À propos, ÇA porte un nom ? – Non. Et pourtant, ça fonctionne ! – Rien dans les dictionnaires branchés ? – Ils restent discrets. – Mais que font les linguistes ? – *Va savoir, Édouard !…* »

Où peuvent s'épanouir ces je-ne-sais-quoi, ces presque-rien, si ce n'est dans le feu de la conversation, dans la fugacité du dialogue ? Me voilà partie en chasse. Je suis à l'affût, toujours une oreille qui traîne, je questionne, je lis, j'explore mon environnement familier. *À fond les manettes, Ginette !*

Je dois beaucoup aux conversations surprises çà et là, à la télévision (commentaires de journalistes, séries, pubs), au cinéma et au spectacle (films, chansons, sketches). La lecture réserve d'heureuses surprises : romans (y compris quelques traductions), scénarios, livres destinés aux enfants, bandes dessinées, journaux, affiches et slogans publicitaires. Je fais mon miel de tout.

J'interroge aussi. Je trouve parmi les grands enfants et les adolescents, utilisateurs privilégiés et colporteurs de ces formules ludiques, de précieux informateurs. Je m'aperçois qu'ils innovent et, avec une candide innocence, bricolent de la poésie. *T'as pas idée, Zoé !*

Je laisse alors parler ce matériau vivant emprunté aux usagers de la langue. Le plaisir de jouer avec la sonorité des mots est évident et la règle du jeu enfantine. Comme dans les comptines, on s'amuse à provoquer des correspondances phoniques, à produire un « écho » : il suffit de prolonger une courte séquence... par une rallonge choisie pour ses propriétés sonores.
Tu m'suis... Suzy ?
Un prénom fait l'affaire dans les classiques du genre. J'observe que, par malice ou par commodité, on le remplace par un diminutif ou même par un nom propre.
Les vertus euphorisantes de l'écho assurent le succès de ces formules qui se propagent de bouche à oreille à partir de groupes socioculturels, les lycéens par exemple. Certaines, véhiculées par un média puissant, comme la télévision, se répandent dans un large public. *Ça décolle, Nicole !*
Les voici même, un peu plus tard, timidement accueillies par les lexicographes qui ne manquent pas de souligner le procédé de rime intérieure, unanimement considéré comme la motivation essentielle. Nos petites formules (qui entre parenthèses n'ont toujours pas de nom, *Y a un lézard, Oscar !*) ont l'air pensées et classées. Dormez, bonnes gens, les gendarmes de la langue veillent.
Je me serais probablement assoupie à mon tour si les démons susnommés ne m'avaient, en guise de rappel à l'ordre, envoyé bien davantage à la figure. *In the baba, Léa !*

« Et… *Chauffe, Marcel!* qui vient spontanément à l'esprit… pas le moindre effet sonore là-dedans. Pire, ce phénomène n'est pas seul de son espèce. Faut-il les ignorer, ces monstres incongrus qui ne riment pas ? »
Impossible si l'on s'en tient au réel. Rime ou pas, ces babioles linguistiques sont également utilisées, et avec le même bonheur.
Toutes relèvent d'une même stratégie langagière. Le jeu qui exploite les propriétés sonores des mots n'est pas systématique, on le constate. La rime, l'assonance ou l'allitération sont des « plus ». L'essentiel est ailleurs.

Ces formules en apparence anodines, sinon gratuites, jaillissent, mine de rien, au hasard de la conversation et sollicitent sans détour l'attention d'autrui, avec cette sorte d'impertinence respectueuse que seul l'humour autorise.
On attaque sur le mode lapidaire de l'interjection. Dans l'urgence du dialogue, avec quelques mots, voire un seul, on exprime – on trahit – des mouvements de l'âme, des états de pensée fort divers : on incite, on modère, on encourage, on met en garde, on félicite, on menace, on se résigne, on riposte, on se montre civil, on n'en pense pas moins, on règle ses comptes… C'est net et sans bavures, efficace.
On crée la surprise en faisant soudain apparaître un personnage inattendu, comme un illusionniste sortant un lapin d'un chapeau auparavant garni d'un vulgaire œuf. Par le coup de baguette magique de

l'apostrophe, on transforme son interlocuteur en Jojo, Marcel ou Simone… En lui prêtant pour rire une identité éphémère, en lui attribuant spontanément un rôle de fantaisie, voilà qu'on improvise un petit théâtre.

Pour enrichir le répertoire, aux amateurs de bricoler en finesse des nouveautés.

- Commencez par une formule concise (un à six mots, plus c'est court, mieux c'est), une de ces expressions tranchées qui fusent dans la spontanéité de la conversation : conseil facétieux, encouragement complice, commentaire désabusé, fausse menace, c'est selon. Si l'ironie s'en mêle parfois, l'humour est toujours de mise et la légèreté recommandée.
- Prolongez avec un prénom, de préférence désuet, charmant, amusant. Tous les effets sonores sont permis.
- Testez vos créations : le mieux est de les mettre en circulation.

Qui sait, vous les retrouverez peut-être, un de ces jours, entre les pages d'un livre… Cela vous tente ? Alors, allez-y, mes amis !… À bientôt.

Performances

S'il fallait trouver un ancêtre commun à Jojo, Albert ou Simone, et à quelques autres, il pourrait être ce conducteur anonyme que l'on apostrophait pour qu'il fasse partir la voiture : au XIXe siècle, le fameux ***Fouette, cocher!*** donnait le signal du départ. Mais en son temps déjà, l'injonction était utilisée au figuré, pour inciter à aller de l'avant.

Les voitures à cheval disparaissent, *exit* le cocher. Les transports connaissent la fortune que l'on sait et les petits-neveux de notre cocher, s'ils sont également invités à démarrer, sont priés de ne pas lambiner. La notion de déplacement et celle de vitesse étant désormais indissociables, ils ont même tout intérêt à se montrer performants. Ce que l'on réclame aussi, à l'occasion, à ceux qui se déplacent pédibus, comme si la compétition était toujours implicite ou l'urgence permanente. Il faut foncer. Pour arriver le premier ? Pour le plaisir. Que cherche-t-on avant tout ? La griserie.

D'ailleurs, à défaut de faire vite, on peut toujours faire fort, en libérant toute la puissance d'un instrument par exemple. Les deux injonctions ont la même signification métaphorique : dans l'un et l'autre cas, il est avant tout question d'in-ten-si-té.

Roule, Albert !

« Ça marche, on y va ! » Se dit au démarrage d'une entreprise de longue haleine. La performance va consister à tenir la distance, il ne s'agit pas d'une course mais plutôt d'un long trajet, de ceux que parcourent les chauffeurs routiers. Leur fameux slogan « Je roule pour vous ! » pourrait avoir inspiré la locution.

Le prénom retenu ne permet aucun jeu phonétique, mais *Albert*, qui a été très populaire, symbolise ici le Français moyen et il a été choisi pour évoquer l'univers des camionneurs.

La variante ***Roule, Raoul !***, d'emploi et de signification identiques, a l'avantage d'offrir une rime copieuse et elle se serait vraisemblablement imposée si le prénom *Raoul* n'était aujourd'hui fortement associé à une autre locution : ***Cool Raoul !*** (voir aux chapitres « On se calme ! » et « Tout va, tout va bien »).

Fonce, Alphonse !

La richesse de la rime révèle la forte connotation ludique de cette locution qui s'adresse aussi bien au piéton qu'au conducteur de bolide : l'occasion, en matière de création langagière, fait bien souvent le larron.

Jugez plutôt :

> *Gare de Lyon, Antoine accompagne son fils Alphonse qui part en colo :*
> Antoine : Alphonse, je crois que c'est ton wagon. Allez,

fonce Alphonse ! *(Alphonse monte dans le train.)* Et sois gentil avec les petites filles hein ! Allez, embrasse ton papa.
Alphonse : Dis donc, il part bientôt le train ?
Antoine : (...) Le train part exactement dans quinze minutes.

F. Truffaut, *L'Amour en fuite*, p. 18.

Le plaisir de jouer avec les sons et celui de jouer dans la situation (piquer un petit sprint en passant, alors qu'on a bien le temps) se conjuguent pour faire jaillir une formule *in situ*.

On l'entend désormais ici ou là, même quand d'*Alphonse* il n'y a pas, pour encourager le passage à la vitesse supérieure. Au figuré, c'est une incitation à l'action.

(...) si c'est Robert Redford qui nous propose le deal *(coucher avec lui moyennant un million de dollars)*, on fonce Alphonse (même gratos).

20 Ans, n° 82, juin 1993, p. 34.

Vas-y, Bobet !...
Vas-y, Poupou !

Deux variantes pour émoustiller les mordus de la petite reine. En invoquant Louison Bobet ou Raymond Poulidor, deux géants du Tour de France, on joue sur l'émulation que suscitent les grands modèles. Car ils sont entrés dans la légende. L'un s'est fait un nom, l'autre un petit nom : Louison Bobet est devenu Bobet, Poulidor est devenu Poupou.

Pas facile de les égaler. Aussi, pour aiguiser l'ardeur des apprentis champions ou celle des modestes cyclistes, on renchérit sur l'exhortation initiale avec un conseil narquois : ***« ...Baisse la tête, t'auras l'air d'un coureur ! »***

Accélère, Jojo !

Formule qui célèbre la vitesse comme sensation, la griserie du mouvement, l'espace dévoré. Incitation à la performance épisodique : il ne s'agit pas de battre un record, mais de pousser des pointes, par jeu, comme un amateur déluré, non comme un professionnel. La locution est apparue dans l'euphorie désespérée des années soixante-dix.

> Jacques Chardonne avait recommandé l'économie de sa vie pour aller au Nobel : méfiez-vous de l'alcool, des belles voitures, n'oubliez pas que les battements du cœur sont comptés. Beaucoup dormir. Johnny H., lui, allait s'acheter une Tr.-3. Accélère Jojo.
>
> D. Rondeau, *L'Âge-déraison*, p. 93.

Chauffe, Marcel !

Chauffer, en ce sens, est en vogue chez les musiciens (jazz, rock, etc.) au début des années soixante. Il s'agit de s'échauffer pour donner le meilleur de soi, ce qui d'ailleurs ne peut que contribuer à réchauffer l'ambiance. La performance réclamée est de l'ordre de l'intensité.

Et *Marcel* ? On pense évidemment à Marcel Azzola, célèbre accordéoniste, complice de Jacques Brel, qui l'apostrophait volontiers en scène... comme dans le

fameux *Vesoul*, agrémenté d'un solo virtuose du musicien, enregistré en 1968 (disques Barclay).
Il est assez vraisemblable que l'expression déborde son champ initial (le milieu musical, où elle est aujourd'hui ressentie comme franchouillarde, à cause du prénom utilisé) et puisse s'appliquer, par extension, à d'autres domaines dans lesquels la notion d'échauffement, de virtuosité reste pertinente.
À moins que le verbe *chauffer* ne retrouve occasionnellement un sens concret (produire de la chaleur). D'autres emplois sont alors imaginables :

> *Gaston Lagaffe, ayant décidé de griller des toasts sur le radiateur de son bureau, s'active devant la chaudière :*
> ...Je peux encore le pousser un peu ! Chauffe, Marcel !
>
> Franquin, *Gaffes, Bévues et Boulettes*, p. 41.

> *2 septembre 1993. Un grand magasin, au rayon Luminaires. Deux femmes :*
> – Il fait chaud, ici...
> – Ça chauffe, Marcel !

Champion, Midas !

Formule publicitaire célèbre (publicité pour les pots d'échappement Midas, 1986) assurée par le coureur automobile Alain Prost.
La notoriété de ce champion, alliée à la forme lapidaire et ludique du slogan (jeu de mots sur *champion* précisément, ici raccourci de C'*est champion !* « C'est remarquable ! ») ont assuré le succès médiatique de la trouvaille.
D'où son réemploi hors du contexte initial, pour

commenter d'une manière bon enfant une sorte d'exploit ou féliciter ironiquement l'auteur d'une modeste performance. La formule s'accompagne alors volontiers du geste adéquat (poing droit fermé, pouce levé), équivalent non verbal d'un « Bravo ! C'est champion ! » Redondance à valeur ludique.

En voiture, Simone... C'est moi qui conduis, c'est toi qui klaxonnes !

Galante invitation au départ, dans la joie et la bonne humeur. L'embarquement évoqué est joyeux et tonitruant. Cela sent bon l'échappée belle des années soixante, voitures décapotables et petites robes à carreaux Vichy. Pas d'exploits en vue, tout au plus incite-t-on (dans la version intégrale) à ne pas ménager les effets sonores, pour faire plus joyeux.

> Ses vannes éculées (« En voiture-Simone, Moi-je-conduis-toi-tu-klaxonnes » ou « C'est parti, mon Kiki ») qui nous faisaient bidonner, nous seuls, bon public, enfants (...).
>
> Bayon, *Le Lycéen*, p. 272.

Simone, bonne fille, cède parfois la place à une pimpante Suzy : ***En voiture, Suzy !***

> C'était un tout petit voyage de routine. On m'avait présenté aux Motorhead à l'hôtel, et en voiture Suzy !
>
> P. Manœuvre, *L'Enfant du rock*, p. 16.

Un certain Jojo joue les doublures, à l'occasion : ***Accroche-toi, Jojo !***

> (...) accélérer (...) des trépidations, le ronronnement des tubulures au bout des doigts sur le volant (...) Accroche-toi Jojo, c'est moi qui pilote, c'est toi qui klaxonnes.
>
> D. Rondeau, *L'Âge-déraison*, p. 77.

Revenons à Simone. La formule initiale (dans sa version courte) peut aussi souligner un passage à l'action immédiat, sans états d'âme.

> Pour l'emballarès *(l'emballer)*... un vrai velours. Trois tours de piste, une roteuse dans son seau, et en voiture, Simone ! Elle s'était révélée immédiatement partante.
>
> J. Houssin, *Faites pas pleurer le Dobermann !*, p. 53.

Autre extension de sens, récente et plus inattendue : on commente, avec une pointe de désenchantement, un processus fâcheux et tristement prévisible. Elle est loin, l'euphorie des débuts...

> En voiture, Simone ! « Montez-la » : ce slogan pour une batterie de voiture à installer soi-même, et illustré par une jeune femme à l'imposante poitrine, a mis en colère les féministes espagnoles. L'affiche a été retirée.
>
> *Elle*, n° 2339, 5 novembre 1990, p. 113.

La formule est aujourd'hui ressentie comme sexiste, comme le confirme une variante récente :

> *Aux États-Unis, un juge a rendu des jugements de divorce à la simple lecture d'une lettre de l'un ou l'autre des époux. La journaliste commente :*
>
> – En avant Simone, tu peux rentrer chez ta mère.
>
> France Info, 17 août 1993.

Ce triste glissement de la valeur sémantique vers le péjoratif s'observe parfois. Voyez au chapitre « Tout va, tout va bien », par exemple.

De l'audace, encore de l'audace...

On peut lire dans les *Curiositez françoises* d'Antoine Oudin : ***Pousse, Quentin !*** « Continue, advance, fay. » La locution répertoriée en 1640 est tombée dans les oubliettes et ce Quentin-là a disparu, emportant le mystère de son identité. Mais la double nécessité d'encourager et d'être encouragé a traversé les siècles, générant de nouvelles injonctions.

Celles qui figurent ici sont toutes des réponses aux contrariétés de l'existence. Formules d'encouragement, ou d'auto-encouragement, elles sont fondées sur un double présupposé : un, la vie est un rude combat, deux, nous ne sommes hélas pas toujours des héros.

Rien de claironnant dans ces incitations plus ou moins désabusées. Il n'est pas question d'accomplir des prouesses, mais, selon les situations, de résister à l'adversité, en attendant des jours meilleurs, ou d'affronter bravement la difficulté, si l'on se trouve au pied du mur.

Alonzo, Jeannot, Gustave et les autres ne sont pas des battants. Puisqu'il faut y aller, ils iront. En traînant un peu les pieds.

Allons-y, Alonzo !

Pour bricoler cet auto-encouragement résigné, on a rapproché deux mots presque homonymes. Pourquoi aller chercher un prénom hispano-portugais, que l'on entend rarement, si ce n'est pour le plaisir de provoquer une cascade d'assonances : la connotation ludique est fort claire. Et la formule un brin désespérée. Rien d'étonnant à ce que l'on en trouve trace, à deux reprises, chez Godard qui, en faisant la part belle au hasard dans ses dialogues, restitue la vérité d'une époque : les années soixante-dix.

> Marianne : Regarde, Pierrot ! une Ford Galaxie ! (...) Montre que tu es un homme !
> Pierrot : Attends, je termine *(il lit les Pieds-Nickelés).*
> Marianne : Décide-toi, sinon je fais ça *(voler la voiture)* toute seule.
> Pierrot : Bon, allons-y, Alonzo !
>
> J.-L. Godard, *Pierrot-le-fou*, p. 85.

On rencontre la variante ***Allons-y, Charly !***, plus rare, sans doute parce que plus pauvre d'un point de vue formel, plus convenue.

Il existe un prolongement en forme de calembour à la formule initiale : ***Allons-y, Alonzo... bistrot !***, réservé aux circonstances que l'on devine...
Le jeu sur *allons-aul-y* est assez ancien : vers 1940 *Alonzo Café bar* était connu, selon Alain Rey, comme nom-calembour dans une bande dessinée.

Assure, Chaussure... C'est ta pointure !

Décernons sans hésiter le label « pur ado-langage 100 % récréatif » à cette exhortation malicieuse qui procède par renchérissement, histoire de ménager ses effets.
Avec l'injonction *Assure*, tout est dit : « Sois à la hauteur. » La suite, construite autour de la finale -ure, propose un divertissement inattendu. L'apostrophe *Chaussure*, substituée au rituel prénom probablement ressenti comme trop convenu, prend tout son sens avec la métaphore finale *C'est ta pointure !*, qui elle-même renchérit sur l'exhortation initiale. (Relevé en janvier 1993.)

Habile, Émile !

Injonction un peu moqueuse en usage dans le Nord de la France, où *habile* est une variante régionale de « rapide ». Cela signifie « Dépêche-toi, avance, agis ! » Alors, *Émile* serait un lointain cousin de Quentin ?

Tiens bon, Gaston !

Pour soutenir un ami dans l'adversité et l'inciter à prendre son mal en patience, à résister... en attendant le bon moment pour réagir. *Gaston* fait partie de ce lot de prénoms démodés dans lequel on puise pour répondre aux nécessités ludiques de la rime. Cette coloration désuète du prénom donne presque toujours une nuance goguenarde à la formule.

> Tiens bon, Gaston !
> T'auras du pain, du miel, fiston,
> Du beau blé, bien moulu...
> Et trois coups de pied au cul.
>
> Traduction d'une chanson roumaine,
> dans *Le Chêne*, film de L. Pintille (scénario L. Pintille).

Courage, Gustave !

Parole d'encouragement toute formelle et un brin condescendante, ici adressée à qui s'apprête à passer un sale quart d'heure. La nuance railleuse est implicitement apportée par le prénom retenu, vieillot, et ressenti comme un peu ridicule par les jeunes générations.

> Cessez de lui trouver des excuses à tout... Évaluez ce que vous pouvez trouver de mieux aux étalages (...) Ces calculs égocentriques mais sains étant faits, il faut trancher dans le vif, courage Gustave. On n'a qu'une vie, qu'une peau.
>
> *20 Ans*, n° 61, septembre 1991, p. 90.

Même nuance faussement bonhomme pour la variante ***C'est pas grave, Gustave !*** qui à la fois encourage et réconforte par anticipation (comme si l'échec était inévitable) ceux que des difficultés, des complications attendent.

Accroche-toi, Jeannot !

Le choix d'un diminutif gentillet en guise d'apostrophe impliquant une sorte de supériorité bienveillante, la formule autorise une ironie plus ou moins marquée. Elle s'emploie pour encourager quelqu'un qui s'est lancé dans une entreprise difficile et aurait peut-être présumé de ses forces (la dérision repose sur ce dernier sous-entendu).
Cette injonction désabusée peut fort bien être adressée à soi-même, dans le silence du dialogue intérieur... ou à voix haute, ce qui est illustré dans le sketch qui a rendu la formule célèbre.

> Elle : (...) il me donne chaud à me coller comme ça... Et vas-y que je te colle... (...)
> Lui : (...) Dommage qu'elle ait les mains moites (...). Je vais lui mordiller le lobe de l'oreille ... Si elle me fout pas une baffe, c'est que j'ai ma chance... *(Il s'exécute, elle recule, désespérée.)* Oui, c'est pas dans la poche... Faut s'accrocher... Accroche-toi, Jeannot...
>
> G. Bedos et S. Daumier, *La Drague*, p. 23.

Vas-y, Léon !

Léon, plusieurs fois utilisé, fait partie de ces prénoms auxquels une acception plus ou moins fâcheuse s'est attachée. D'où une nuance condescendante dans cet encouragement en apparence débonnaire. (Formule citée par Henri Bauche.)

Vas-y, Toto !

En apostrophe, un sobriquet appliqué aux petits garçons : *Toto* est l'éternel héros des blagues colportées par les enfants vers l'âge de sept ans. Si cette formule d'encouragement est plutôt destinée à la petite classe, elle peut néanmoins être adressée, avec une arrière-pensée moqueuse, aux adultes engagés dans une activité un peu puérile.

> Le petit bonhomme de neige s'en alla (...) s'amusant (...) à courir après les flocons.
> – Vas-y, Toto ! Tu l'as, tu l'as !
>
> Fred, *Le fond de l'air est frais,* p. 50.

Encore un effort, Victor !

Assemblage de 2+3+2 syllabes qui font rebondir une même finale sonore. Des allures de comptine pour cette formule plutôt destinée à encourager les enfants engagés dans un processus difficile.

Vas-y, Wasa !

Slogan publicitaire (publicité pour les biscottes WASA-1987) phonétiquement riche. Construit autour d'une double allitération, v... v et z... z, renforcée par le jeu répétition/alternance des voyelles, il tire son efficacité de sa forme même.

> – (...) un mec avec qui je *(Thierry Ardisson)* bosse me téléphone, il séchait sur une campagne pour le pain Wasa. Je

> me fais couler un bain, je plonge dans ma baignoire et ça se met en marche : « Wasa... Wasa... Wasa ! Vas-y Wasa ! » (...) Je peux en faire comme ça à la tonne...
>
> *Oxygen*, n° 7, mai 1992, p. 90.

Le sens, lui, ne saute pas aux yeux. L'injonction, implicitement contenue dans *vas-y* ne s'adresse en fait à personne puisque le terme placé en apostrophe *Wasa* désigne une réalité abstraite, qui ne fait l'objet d'aucune personnification. (Le procédé inverse est mis en œuvre dans ***Champion, Midas !*** ou ***Merci, Mamie Nova !***)

Le sous-entendu sémantique est ici celui du déclenchement d'un réflexe. C'est lui qui est mis en avant quand le slogan, sortant de son contexte initial, est utilisé comme formule d'encouragement :

> Dans la rue, deux enfants, cartable au dos, en route pour l'école. L'un deux traînasse. Celui qui est devant :
> – Vas-y, Wasa !
>
> (Relevé en novembre 1992.)

C'est parti, mon Zappy !

Bâtie sur le modèle *C'est parti, mon kiki !*, cette variante en vogue dans les années soixante met en scène le fringant Zappy Max, alors animateur vedette de jeux radiophoniques. Commente, avec une arrière-pensée malicieuse, le démarrage d'un processus inéluctable au cours duquel il va falloir assurer.

On se calme !

Un instant, Bertrand… Faut que j'me mouche, comme dit le curé ! Voilà une centaine d'années, Eugène Rolland capte, à Paris, cette énigmatique formule-fleuve et la consigne dans ses *Rimes et Jeux de l'enfance*, ainsi commentée : « Formule du mais. »

Elle a disparu, on peut en regretter le pittoresque. La fantaisie des locuteurs en a inventé d'autres, les occasions d'exprimer un « non mais ! halte-là, pas si vite ! » ne manquant pas.

Car enfin, tout le monde n'est pas tranquille comme Baptiste, il s'en faut, et si l'on prête à celui-là une réputation d'indolence et d'apathie, il s'en trouve d'autres qui auraient, au contraire, grand besoin de calmer leur frénésie.

À leur intention, sous prétexte d'apostropher Max, Olga ou Raoul, la langue a bricolé quelques formules d'avertissement propres à faire cesser les débordements du verbe, de l'imaginaire ou des nerfs… bref, à modérer les excès en tout genre.

Arrête ton char(re), Ben-Hur !

On espère, par cette formule imagée, briser l'élan de qui parle trop, trop vite, à tort et à travers. Comprendre : « Tais-toi ! N'exagère pas ! Cesse de raconter n'importe quoi ! »
L'expression originelle, *Arrête ton char !*, résulte d'un jeu de mots sur *char* (le véhicule) et *char* ou *charre* (qui signifie « exagération, bluff »). La forme *char*, plus fréquente, a l'avantage de suggérer une image, celle de propos lancés à toute allure comme un char sur une piste.
Pour désamorcer cette énergique sommation et en faire une injonction ludique, il ne manquait plus qu'un candidat au rôle d'apostrophe... Ben-Hur est arrivé, fort à propos, avec l'immense succès du film homonyme, dont l'épisode le plus spectaculaire était une course de chars dans la Rome antique. L'image s'est alors imposée définitivement, d'où la possibilité de prolongements à la formule initiale :

> *Lola Frïedlander, atteinte d'un cancer, écoute son médecin.*
> « Non, dit-il, je n'avais pas été punie. Il ne fallait pas psychanalyser le cancer (...). De toute façon, l'important était de tenir une dizaine d'années, jusqu'à ce qu'on trouve le médicament miracle (...).
> – Arrête ton charre, Ben-Hur, ou je saute en marche », pensai-je.
>
> A. Francos, *Sauve-toi, Lola*, p. 56.

Patience, Hortense !

Un prénom choisi pour la sonorité de ses syllabes finales oppose son charme désuet à l'interjection laconique qui précède. S'utilise, ironiquement, pour répondre à une objection prématurée ou exprimer une menace latente.

Du calme, Jo !

Les adolescents s'amusent de cette placide injonction qui fait intervenir un cow-boy mythique, tout droit sorti des westerns, et dont le seul nom évoque le parfait *self-control*.
L'apostrophe est fort judicieuse : non seulement elle ouvre un univers d'images, mais aussi elle renforce l'incitation au calme en proposant un modèle.

Tais-toi, Lisette !

Lisette a beaucoup vécu. Dans la comédie, intrigante et délurée, elle fut soubrette... Pour les chansonniers et les poètes, une jeune femme du peuple, gaie, légère et insouciante... Pour Béranger, une grisette parisienne... Dans notre imaginaire, elle reste une jeunesse à la langue bien pendue.
Ma grand-mère me lançait des « Tais-teu, Lisette ! » rieurs. Mais ce commandement ne s'adresse pas seulement aux petites filles trop bavardes. Quoique un peu vieillot et de ce fait négligé par les jeunes générations, il s'utilise encore pour couper court à ce que l'on

considère comme des élucubrations, ce qui revient à exprimer, d'une manière bon enfant, son désaccord avec les propos ou les opinions d'autrui.

La variante ***Pas de ça, Lisette !***, plus radicale, est une formule de refus ou d'interdiction : « Pas question ! Il ne manquerait plus que cela ! » Elle peut être adressée à soi-même :

> Éponine (...) le vit déranger le barreau de la grille, et se glisser dans le jardin. Elle s'approcha de la grille, tâta les barreaux l'un après l'autre et reconnut facilement celui que Marius avait dérangé. Elle murmura à demi-voix avec un accent lugubre :
> – Pas de ça, Lisette !
>
> V. Hugo, *Les Misérables*, p. 226.

Aussi bien qu'à autrui :

> Épaminondas, *prenant son chapeau :* Je suis désolé... mais l'heure de l'audience...
> Fanny, *se mettant devant la porte :* Pas de ça, Lisette ; nous irons faire jugette quand nous serons raccommodés ; pas avant...
>
> E. Sue, *Le Juge*, p. 51.

L'expression peut prendre une valeur galante ou sexuelle :

> Mais, égarée par sa passion... aveuglée par les fumées des litrons absorbés... de la parole elle était passée aux gestes... Des gestes expressifs...
> – Ah, mais non ! pas de ça, Lisette ! – fit en lui-même le moine qui avait renoncé aux femmes, à leurs pompes et à leurs œuvres (...)
>
> A. Bruant, *Les Bas-Fonds de Paris*, p. 485.

« Auquel cas du reste, note Jacques Cellard, elle pourra aussi bien être employée par une femme pour éconduire un homme trop entreprenant. »

« J'ai toujours fait semblant d'être un peu perverse : ça plaît aux mâles. Mais de là à le devenir réellement, pas de ça Lisette ! »

San-Antonio,
La vieille qui marchait dans la mer, p. 144.

Relax(e), Max !

« Du calme ! On ne s'excite pas ! » Invitation à la décontraction, sinon au flegme britannique, parfois accompagnée d'un geste qui en renforce la signification : main ouverte, à l'horizontale, paume vers le sol, exerçant une pression de haut en bas.

– Fais pas cette tronche, Jack (...) Toute la vieille garde est dans le pétrin. Toi, moi...
– Toi, tu peux au moins porter un flingue ! (...)
– (...) Relaxe, Max. C'est quand même pas la première fois que tu es sous les feux de la rampe.

H. Pagan, *Les Eaux mortes*, p. 99.

Apparue au début de la décennie soixante-dix, cette formule à succès offre une rime nette et sans bavures reposant sur un bricolage formel. Le diminutif *Max* peut aussi bien être anglais que français, quant au terme initial, dont l'orthographe est fluctuante, c'est un anglicisme (de l'anglais *to relax* « se détendre ») qui se prononce ici à la française (*relax* et non *rilax* attesté par ailleurs). L'incongruité de ce parfait hybride amuse :

(...) le titre ! pffffff relax Max (...) et pourquoi pas « bibop-éloula » pendant que tu y es.

Édika, *Relax, Max.*

Pas de panique, Monique !

Appel au calme et à la raison utile dans bien des situations où l'on se sent débordé par les tracas de la vie quotidienne : emplois du temps bousculés, surcroît de travail, mauvaises surprises... Bref, on invoque *Monique* (qui assure une copieuse rime) quand on ne sait plus où donner de la tête.

> La sorcière (...) empoigna aussitôt les deux enfants et les mit dans son couffin. Puis elle s'envola sur son balai mécanique (...) Dans le couffin, Pincemi et Pincemoi continuaient à se raconter des blagues, comme d'habitude. Ils disaient : Tranquille Émile. Pas de panique Monique... À l'aise Blaise. Cool Raoul.
>
> H. Bichonnier, *Pincemi Pincemoi et la Sorcière,* s.p.

Halte-là, Nicolas !

« Stop ! Inutile de continuer ! » *Nicolas*, sollicité à plusieurs reprises (voir au chapitre « Amabilités »), semble avoir incarné l'enfant infernal. Cette variété est en voie d'extinction, il faut croire, car cette formule de protestation musclée, encore vivante au siècle dernier, n'est guère utilisée aujourd'hui. (Cité par Eugène Rolland.)

Où tu vas, Olga !

Invitation au recentrage, dans un échange houleux, au cours d'une conversation où l'un des interlocuteurs s'égare.
Doit-on attribuer au hasard le choix d'un prénom russe ? Peut-être pas si l'on considère que l'imaginaire slave, aux antipodes du sérieux cartésien, favorise les plus fantasques égarements.
La variante ***Oh ! la la ! Olga !*** ou sa forme inversée ***Olga oh ! la la !*** exprime la même idée : constatation d'un dépassement des limites ordinaires, nécessité d'un retour à un comportement rai-son-na-ble.
Olga oh ! la la ! est le titre d'un récit d'Évelyne Reberg dont l'héroïne *Olga*, alias Mademoiselle Oh ! la la !, est dotée d'une personnalité quelque peu exubérante.

Minute, papillon !

« Un instant ! Pas si vite ! » S'emploie pour faire savoir qu'il n'y a pas le feu, et qu'il ne faut pas confondre vitesse et précipitation. L'expression est attribuée aux journalistes du *Canard enchaîné* qui, avant 1939, fréquentaient le Café du Cadran, alors voisin du journal, où officiait un certain Papillon, garçon de café de son état, qui répondait toujours « Minute, j'arrive ! » quand on l'appelait.
L'interjection s'emploie souvent comme dénégation à ce qui vient d'être dit :

Bill Tanner : Nom de Dieu, Lorraine ! Tu sais combien de pognon j'ai foutu en l'air pour ton taré de fils, hein (...) et pour les deux autres ?
Lorraine Mac Fly : (...) On a les moyens ! Le moins que nous puissions faire avec tout cet argent, c'est d'assurer une vie plus agréable à tous nos enfants.
Bill Tanner : Oh, oh, minute papillon ! Que ce soit bien clair une fois pour toutes, hein ! Marty est ton fils, pas le mien !

R. Zemeckis, *Retour vers le Futur II*
(scénario : B. Gale).

Claude Duneton signale une jolie variante : ***Minute, papillon des îles !*** dans laquelle on a définitivement oublié le fameux garçon de café pour privilégier l'image : le vol du papillon passant légèrement d'une fleur à l'autre.
Comme la formule initiale, celle-ci s'adresse aux gens trop pressés qui papillonnent, effleurant toutes choses sans rien approfondir.

Molo, Paulo !

Un diminutif populaire vient renforcer un adverbe qui appartient lui-même au registre familier. Une rime opulente sur quatre syllabes seulement assure l'efficacité de cette injonction lapidaire à la maîtrise de soi.

Antoine : Tire-toi, fous le camp !
Christophe : Hé là ! Molo, Paulo !

Lycée alpin, Série, France 2, 10 nov. 1992.

Cool, Raoul !

La recherche d'une jolie rime intérieure a produit cet heureux hybride : en tête, un anglicisme (*cool* mot d'origine hippie introduit il y a une bonne vingtaine d'années, signifie ici « calme, tranquille ») suivi d'un prénom bien français mais ambivalent (encore considéré comme aristocratique il y a peu, *Raoul* est aujourd'hui plutôt ressenti comme franchouillard).
Est-ce l'incongruité d'une telle association qui a fait le succès de cette incitation au calme, à la décontraction ?

> – Bravo les gars, vous gênez pas, faites comme chez vous ! (...) vous vous croyez tout permis, c'est pas possible !
> – Cool, Raoul ! rigole Kreps (...)
> – J'm'appelle pas Raoul !
>
> Oppel, *Barjot !*, p. 62.

La formule est aujourd'hui assez largement répandue pour donner lieu à des plaisanteries dérivées.

> C'est aujourd'hui la Saint-Raoul... Bonne fête, les Raoul. Restez cool.
>
> Bruno Mazure, *Journal télévisé*, France 2, 7 juillet 1992.

L'évolution sémantique de *cool* a généré un autre emploi, plus récent, de la même formule. Voir au chapitre « Tout va, tout va bien ».

Résignés et battants

« Il ne serait pas difficile à ces bougres-là de foutre malheur à nos magasins à poudre, et puis, ***bâille Colas...*** bats-toi à l'arme blanche contre le salpêtre enflammé ! »
En 1790, pour exprimer l'impuissance devant l'iné-luctable, on avait réquisitionné un certain Colas dont la bouche béante est évocatrice...
Charles, Constance, Lili et quelques autres remplacent aujourd'hui Colas dans le rôle du résigné qui baisse les bras devant la fatalité. Nous les invoquons, soupir las ou haussement d'épaules à l'appui, pour exprimer le renoncement, la soumission aux événements.
L'attitude inverse s'exprime à travers Arlette, Jo, Simone et compagnie, dans quelques injonctions récentes. Le sursaut devant l'adversité, la riposte aux pièges de la vie, toute pétrie d'adrénaline, parfois trop précipitée ou inconséquente pour se révéler réellement efficace, seraient-ils des réponses modernes, nées avec la génération des battants ?
Flegmatiques injonctions ou brusques avertissements, voici des parades opposées à l'insoutenable illégèreté de l'existence. Rien ne va plus, faites vos jeux...

Entre renoncement et soumission...

À l'hasard, Balthasar !

Au hasard, Balthazar !

Dans sa forme archaïque, la formule est citée en 1894 par Nizier du Puitspelu : ***À l'hasard, Balthasar !*** « À tout risque. »

> « Tu te maries et t'as vu ta prétendue que deux fois ! – Que veux-tu ! À l'hasard, Balthasar ! »

La forme moderne s'utilise dans un sens voisin : « Advienne que pourra ; quoi qu'il puisse arriver. » *Au hasard, Balthazar*, film de Robert Bresson dans lequel l'âne Balthazar est persécuté et en meurt, illustre cette disposition à s'incliner devant la fatalité.
La formule peut aussi supposer un certain désespoir teinté d'optimisme. On s'en remet au hasard. Qu'il en résulte ceci ou cela, on l'accepte d'avance, en sachant que le hasard fait parfois bien les choses :

> Au hasard, Balthazar
> vous aime. Baisers.
>
> *Libération*, août 1993 (rubrique « Faites-part »).

Au hasard, Balthazar ! s'utilise aussi dans un sens plus anodin (voir au chapitre « Savoir-vivre »).

Adieu Berthe !

Formule qui traduit une complète soumission à la fatalité et s'emploie pour commenter sans états d'âme la disparition brusque et définitive de quelque chose ou de quelqu'un. « Rien à faire, c'est fichu ! »

> – Ah ! oui. Quand le bateau s'est retourné ? (...) Putain, on avait trop chargé, adieu Berthe ! Tous à la flotte.
>
> J. de Bougues-Montès, *Chez Auguste*, p. 33.

Quand Berthe passe la main, Suzanne la remplace : ***Adieu, Suzanne !***

> – (...) on a simplement été semés par la vioque parce que la police ne nous fournit pas de béhèmes. Elle nous a repérés, elle a pris les périphes, et là, adieu Suzanne !
>
> J. A. Lion, *N° 5 paysage*, p. 146.

On retrouve ***Adieu Berthe !*** au chapitre « Amabilités ».

Va comprendre, Charles !

Formule qui affiche une résignation bonhomme, récemment injectée dans la langue par un puissant média, la publicité à support télévisuel. Elle constitue la chute invariable d'une série de mini-scènes à deux ou trois personnages.

> Charles : J'te rappelle mon p'tit René qu'au PMU, chacun sa méthode, hein. C'est p't être pas la nôtre mais Marie, elle gagne comme elle veut. (...)
> René : Va comprendre, Charles !
> Charles : Va comprendre...
>
> (Publicité télévisée pour le PMU,1992-1993.)

La conjugaison de phénomènes de communication (scénario publicitaire réussi, diffusion aux heures de grande écoute) et d'une réalité linguistique (existence d'un modèle performant) se révèle efficace... On entend un peu partout cette flegmatique injonction à ne pas se prendre la tête inutilement :

Au Top 50. Un album a perdu trois places au classement. Commentaire de l'animateur :
– Va comprendre, Charles !

TOP 50, Canal+, 1er janvier 1993.

Rapidement et largement diffusées, certaines formules s'usent vite. D'où l'apparition de variantes ludiques qui prolongent les formes initiales en les renouvelant. Comme celle-ci, obtenue par interférence avec d'autres formules issues du même média :

Va comprendre, Jean-Michel !

(Chute d'une fausse pub pour le PMU, réalisée par Les Guignols de l'Info et diffusée en janvier 1993.) Collage linguistique qui associe le commentaire désabusé de la formule initiale *Va comprendre* à une apostrophe en forme de clin d'œil : *Jean-Michel* est emprunté au récent ***Tout à fait, Jean-Michel !*** qui a lui même remplacé le trop convenu ***Tout à fait, Thierry !*** (Voir au chapitre « Ambiguïtés »). Et voilà comment une plaisanterie d'initiés s'inscrit, par médias interposés, dans la réalité linguistique.

Pas de chance, Constance !

Formule-constat qui traduit une attitude résignée face aux inévitables désagréments de l'existence. Elle est destinée à relativiser un échec, à atténuer une déception.

> (...) le chien (...) montre à tout le monde que Constance est cachée sous la table recouverte par la grande nappe. Pas de chance, Constance !
>
> M. Tenaille, *Pas de chance, Constance !*, s. p.

On peut préférer la récente variante ***Pas de bol, Carole !***, plus familière.

C'est la vie, Lili !

La voix du fatalisme s'exprime à travers ce commentaire qui est en réalité une injonction déguisée : les choses déplaisantes étant inéluctables, il faut bien se résoudre à les accepter. On observera au passage qu'une austère exhortation devient réconfort si d'aventure une *Lili* lui apporte fraîcheur et légèreté.

On retrouve *Lili*, décidément peu disposée à accepter les choses comme elles sont, dans une formule qui incite tout un chacun à se soumettre aux certitudes acquises de l'expérience : ***Je te l'avais bien dit, Lili !***

> Je te lele, l'avais lailai, bien dit Lili
> Que tu serais bientôt ma mie
>
> Ph. Loriol, R. Viny,
> *C'est un refrain de Provence.*

Merci, petit Jésus !

Cette action de grâce bon enfant (voir au chapitre « Savoir-vivre ») se teinte d'amertume quand elle traduit la désillusion.

> Sa dose de boniments (...) elle l'avait déjà eue. Tout à fait bien eue. Merci p'tit Jésus !
>
> R. Forlani, *Papa est parti Maman aussi*, p. 67.

C'est la catastrophe, Thérèse !

Commentaire accablé, à réserver aux situations désespérées ; il s'utilise dans les moments où l'on se sent dépassé par les événements et incapable de réagir.

> *Deux timorés, de permanence à SOS-détresse un soir de Noël agité, font l'amour sous la douche, dans un moment d'égarement :*
> Thérèse : Si les gens appellent ?
> Pierre : C'est une catastrophe, Thérèse ! Il faudrait décrocher le combiné... Bien sûr... Bien sûr...
> Thérèse : Oui il faudrait... le décrocher...
>
> J.-M. Poiré, *Le Père Noël est une ordure* (scénario : J. Balasko, J.-M. Poiré *et alii*).

La formule, leitmotiv de la pièce de Josiane Balasko, et du film de Jean-Marie Poiré qui en a prolongé le succès, s'est largement répandue dans un public jeune.

> L'expression du mois : Après « C'est la catastrophe, Thérèse » *(Le Père Noël est une ordure)*, « C'est mercredi, c'est ravioli » *(La vie est un long fleuve tranquille)*, voici « Qu'est-ce que c'est que ce bins ? » (...) À ressortir à toutes les sauces !
>
> *20 Ans*, n° 80, avril 1993, p. 6.

... Et aux antipodes

Alerte, Arlette !

Avertissement à l'usage d'autrui ou de soi-même dont le but est d'inciter à réagir vite et fort, sans préciser la manière : fuir ou combattre, peu importe, mais pas question de se résigner.
La même formule, dépouillée de tout contenu sémantique, est en usage dans les cours de récréation où elle fait l'objet d'un divertissement périlleux, qui consiste à la prononcer de plus en plus rapidement, sans s'emmêler les crayons !

J'assure, Arthur !

Déclaration triomphaliste qui s'exprime à la première personne. Sous prétexte d'apostropher un *Arthur* qui tombe à pic pour assurer la rime, on clame haut et fort sa compétence, sa maîtrise des situations.

Fais gaffe, Jo !

Autre parade aux pièges de l'existence : la vigilance qui s'exprime dans cet auto-avertissement où l'on évoque, par le truchement de *Jo*, l'univers des cowboys condamnés à rester sur le qui-vive pour échapper au danger ambiant.

> Pratiquement tous nos clients sont très satisfaits et le disent (...) Mais parfois je souris. Récemment j'ai lu (...) : « Un poil trop luxueux pour moi chez K. A. J'ai toujours mon petit café. Je me dis toujours : Fais gaffe Jo, tu vas peut-être te faire arnaquer ! »
>
> *Kadouce*, n° 9, vol. 6, décembre 1992, s.p.

Osez, Joséphine !

Comme dit une chanson récente. Oser quoi ? Vivre à la hauteur de ses désirs. Rien que ça ! Pour mieux convaincre, cet encouragement à jouir pleinement de la vie s'exprime à travers un jeu formel particulier ; l'incitation initiale est incluse dans le prénom qui suit : **Osez José**phine. Image du désir absorbé, intégré par le sujet.

> usez vos souliers
> usez l'usurier
> soyez ma muse
> et que durent les moments doux (...)
> osez osez joséphine (...)
>
> A. Bashung, J. Fauque, *Osez Joséphine.*

Débrouille-toi, Lisette !

Incitation à prendre les choses en main, à affronter la dureté du monde, sans l'aide de personne. On retrouve *Lisette*, qui symbolise ici la naïveté confrontée aux réalités de la vie.

Lorsque j'ai vu votre titre, j'ai bondi. Très laide, je connais, mais comment s'en sortir, ça c'était alléchant. Or (...) il fallait en gros que je m'accepte (...) Débrouille-toi, Lisette ! Laide j'étais, laide, je reste (...)

Madame Figaro, n° 15116, 27 mars 1993, p. 14.

Pleure pas, Lisette !

Lisette entre à nouveau en scène. Croyez-vous qu'elle ait été sollicitée pour consoler une âme éplorée ? Pas du tout ! On espère, par cette apostrophe à une ingénue notoire, faire comprendre à qui se lamente sur son sort qu'il n'est pas bon de se laisser affecter par des contrariétés sans importance et qu'il vaudrait beaucoup mieux réagir.

Pleure pas, Madeleine !

Variante de la précédente formule. Le destinataire de cette âpre mise en demeure n'est pas en train de *pleurer comme une Madeleine*, mais de jouer les victimes, de bouder. En face, on ne supporte pas et, en mettant un terme brutal à des jérémiades malvenues, on espère provoquer un sursaut d'énergie. (Relevé en mars 1993.)

Sauve-toi, Lola !

Cette formule-titre d'un livre d'Ania Francos racontant la pathétique lutte de Lola Frïedlander contre le cancer est devenue une exhortation à vivre, à lutter contre la maladie.

On l'entend aussi dans d'autres circonstances, avec un sens nouveau qui repose sur une autre valeur du verbe *se sauver*. Elle est alors une incitation à fuir, pendant qu'il est encore temps, pour échapper à une situation qui pourrait devenir inextricable, un équivalent moderne du fameux « Courage, fuyons ! »

Pas sûr, Mazure !

« Formule du doute », relevée par Eugène Rolland en 1883. *Mazure* reste énigmatique (il s'agit probablement d'un nom propre). On peut mettre cette expression aujourd'hui disparue au compte des parades aux traquenards de l'existence, puisqu'elle exprime la méfiance, et la rapprocher du récent ***Fais gaffe, Jo !***

Tocsin, Simone !

Claire Brétecher, experte en inventions langagières réjouissantes, a placé cet auto-avertissement dans la bouche de son Agrippine qui révèle ainsi un état d'âme aux antipodes de la résignation.

Cette création branchée, bâtie sur le modèle ***En voiture, Simone !***, souligne le déclenchement au quart de tour d'une riposte à l'adversité et, compte tenu de sa pertinence et de sa drôlerie, il pourrait bien faire carrière.

> Figure-toi je babysittais pour une bourge qui a un petit 300 m^2 au 9e étage (...) et alors juste comme je reviens de l'espace-jeux avec le gniard TOUS les ascenseurs en panne... TOCSIN SIMONE j'appelle la duchesse (...).
>
> C. Brétecher, « Ingrate Agrippine »,
> dans *Le Nouvel Observateur*, 21-27 mars 1991, p. 5.

Tout va, tout va bien

Enfin presque. Mais quoi, on peut toujours mépriser les inévitables mésaventures et calamités variées auxquelles la vie nous expose et opter pour un optimisme résolu : ***... Mais à part ça... Madame la Marquise... Tout va très bien, tout va très bien !***
Dans la rudesse du climat actuel, qui rappelle les années d'avant-guerre où la dite marquise triomphait avec Ray Ventura, on est bien tenté parfois de résister à la morosité ou au catastrophisme ambiants, en trouvant çà et là quelques menues satisfactions. Et même de se laisser aller à faire savoir que l'on est bien content, en prenant à témoin Anatole, Blaise ou Raoul...
Les formules utilisées dans ces circonstances sont de simples commentaires, on y exprime volontiers l'autosatisfaction. La rime est toujours présente, souvent riche ; l'aisance dans l'expression reflétant la volonté de « positiver ». À moins que l'ironie ne se profile, ici encore, et ne suggère le caractère déplacé ou risible d'une légèreté alors ressentie comme excessive.

Ça colle, Anatole !

Coller est un de ces verbes qui, dans la langue familière, remplacent le verbe *aller*. *Ça colle, Anatole !* commente le bon déroulement d'un processus, annonce que quelque chose convient : « Ça marche, c'est bon » ou encore exprime la compréhension, l'entente entre deux personnes : « D'accord. »

> – Je rentrerai après minuit.
> – Bon, alors, je laisserai la clé sous le paillasson.
> – Ça colle, Anatole.
>
> E. F. Griniova, T. N. Gromova, *Dictionnaire du français familier et populaire.*

Plus vieillot et moins ludique que son presque-jumeau hyperbolique : ***Ça décolle, Anatole !*** « C'est très bien parti. »

Facile, Basile !

Une formule bien balancée, idéale pour souligner la désinvolture, la facilité à glisser sur les problèmes, la disposition à prendre les choses d'une manière légère. À moins que l'ironie ne s'en mêle, et voilà qu'avec les mêmes mots, on stigmatise une attitude inconséquente :

> D'H. déchire son chèque.
> – T'es pire encore que je te croyais ! dit-il. Tu me filais un chèque en bois. (...) Tu te libères facile, Basile !...
>
> G. Conchon, *Le Sucre*, p. 198.

Un beau jour pour moi, Benoît !

Cette formule est une fantaisie d'auteur, inventée pour agrémenter le parler pittoresque d'un personnage. Néanmoins elle met inconsciemment en jeu des procédés conventionnels. Pour assurer la rime, on a mis en scène Benoît, qui aborde là un rôle conforme à la réputation qui lui est traditionnellement attribuée, celle d'un optimiste irréductible.

> Je lui établis son chèque. Il le prend, le regarde par transparence.
> – C'est une belle chose, dit-il. Un beau jour pour moi, Benoît ! (...)
>
> G. Conchon, *Le Sucre*, p. 197.

À l'aise, Blaise !

« Facile ! » Une formule parfaite pour souligner l'aisance, l'autosatisfaction, l'insouciance : elle est très courte, la rime est riche, les sonorités glissantes.

> Jamais tant ratissé à la fois. Le flouze, on l'avait planqué dans les socquettes, comme des cons, pour le cas où on serait fouillés... À l'aise, Blaise. Pas de papiers, pas de témoins, etc.
>
> Bayon, *Le Lycéen*, p. 341.

Comme souvent, un glissement de la valeur sémantique vers le péjoratif est latente. On l'observe dans les contextes où l'ironie est sous-jacente. L'expression suggère alors l'inadéquation ou le ridicule d'une attitude excessivement légère.

> Giscard (...) avoue qu'à partir de 78, de peur de s'y cogner dans des propos blessants pour sa personne, il n'a plus lu la presse politique, plus jamais regardé la télé... excepté *Santa Barbara !* (À l'aise, Blaise.)
>
> G. Bedos, « Tout va mal », *Inconsolable et Gai,* p. 134.

Une autre évolution, formelle et sémantique, se dessine. D'après Lucie (11 ans) « maintenant, on dit ***Balaise, Blaise !***, c'est bien mieux »... Ceci prouve à quel point les jeunes générations ont le souci de la coquetterie linguistique.

La formulation, à un phonème près, est identique. Mais le phonème ajouté(le B initial) introduit une allitération (**B**alaise, **B**laise) donc un « plus » formel. Et ce n'est pas tout. Si le sens originel est respecté, il s'enrichit d'un sème supplémentaire : « impressionnant »... B'alaise !

Tranquille, Émile !

Comprendre : « Tranquillement. » Il s'agit d'un commentaire, d'un « Tout va bien, ça baigne » nonchalant, et non d'une exhortation au calme.

> La sorcière (...) inventait toutes sortes de plats dans sa tête (...) – Vous remuez tranquille Émile jusqu'à ce que la sauce soit homogène Eugène (...)
>
> H. Bichonnier, *Pincemi Pincemoi et la Sorcière,* s.p.

Mais un glissement vers une valeur injonctive (« Tiens-toi tranquille ! ») n'est pas exclue, si l'occasion se présente, comme cela s'est produit pour ***Cool, Raoul !*** par exemple.

On se souvient que le populaire *Émile*, alias *Mimile*, a

été réquisitionné une première fois : ***Je te le donne (en mille), Émile !*** Pourquoi l'avoir préféré cette fois encore à *Achille*, ou *Basile*, qui, offrant les mêmes possibilités sonores, auraient pu faire l'affaire ? Choisir un prénom connoté, c'est faire surgir un personnage (le Français moyen dans le cas d'*Émile*), ce qui produit implicitement des images. Un prénom neutre exclut cette possibilité ludique.
Des variantes spontanées, colportées par les plus jeunes, viennent parfois renouveler le répertoire. Ainsi le joli ***Tranquillos, Carlos !*** Relevée en 1992, dans la conversation d'enfants de 11 ans, la formule fait probablement allusion au chanteur Carlos, très populaire chez les petits.

T'es tout bon, Gaston !

Pour commenter le bon déroulement d'un processus, l'heureuse issue d'une affaire, un résultat satisfaisant... Généralement adressée à soi-même, cette formule exprime l'autosatisfaction.
L'actualité et la notoriété de personnages qui occupent momentanément le devant de la scène politique peuvent susciter, à l'occasion, des variantes spontanées en forme de calembours. Ainsi un ministre de la Culture...

Le soir du 14 Juillet, malgré la pluie, le feu d'artifice est enfin tiré. Dans la foule :
T'es tout bon, Jacques !

(Relevé en juillet 1993.)

J'en suis content, Gontran !

Trouvaille ludique d'un auteur coutumier du fait, qui pourrait encore servir dans les occasions où l'on veut clamer haut et fort sa satisfaction ; le prénom retenu, *Gontran*, suggère la grandiloquence.

> *(Adrien)* – Lapin, il doit plus rien, l'Adrien !
> *(Raoul)* – J'en suis content, Gontran, pensant à mon montant de commissiant, qui va faire grand.
>
> G. Conchon, *Le Sucre*, p. 155.

C'est bonnard, Médard !

Formule utile pour souligner l'aspect positif d'une situation, commenter le bon déroulement d'un processus : « Cela se présente bien, tout se passe au mieux ». *Médard*, prénom depuis longtemps délaissé, n'a pu survivre que par la *Saint-Médard*, connue des amateurs de météorologie populaire.
On trouvera dans l'exemple proposé ici un échantillon de deux formules précédemment citées, d'ailleurs sémantiquement assez voisines. On y découvrira, en prime, trois créations pittoresques, à forte connotation ludique.

> La sorcière (...) à force d'entendre Pincemi et Pincemoi raconter leurs blagues (...) en arrivait à mélanger un peu ses ingrédients, ce qui donnait à peu près :
> – Vous remuez tranquille Émile jusqu'à ce que la sauce soit homogène Eugène et vous mettez à l'aise Blaise quelques oignons Léon et des légumes verts Robert. Un peu de lard et c'est bonnard Médard.
>
> H. Bichonnier, *Pincemi Pincemoi et la Sorcière*, s.p.

Cool, Raoul !

« Tout va bien, ça baigne ! » La formule a vingt ans, mais un nouveau sens est apparu récemment. Il est fondé sur l'évolution sémantique de *cool*. Après avoir signifié « calme, tranquille », le mot équivaut aujourd'hui à « bien, sympa ». (Voir l'emploi injonctif, plus ancien, au chapitre « On se calme ! »)
Cette version branchée a été imposée par les jeunes générations qui en apprécient la justesse. Forme et contenu sont en harmonie : à travers des sonorités glissantes, la formule exprime parfaitement l'aisance qui résulte d'une situation abordée dans la décontraction.

> Chacun son rythme : quatorze millions d'Américains travaillent à domicile. Les Japonais s'y mettent. Les Français aussi. On fuit le stress. On cherche le bon tempo, le tempo « juste ». Cool Raoul.
>
> *Elle*, n° 2416, 20 avril 1992, p. 62.

La valeur franchouillarde du prénom *Raoul*, évoquée précédemment, se confirme avec l'apparition d'une variante en forme de clin d'œil : ***Cool Marcel !*** Si *Marcel* évoque lui aussi le Français moyen, il apporte ici une nuance nettement péjorative (un *marcel* c'est « un individu stupide, sans intérêt ») qui transforme le commentaire initial en critique.

> *À propos d'une émission télévisée :*
> Cela baignait gentiment, relax les mecs, cool Marcel. En pleine vulgarité. Seulement il y eut un lézard.
>
> *Le Monde*, 24 mai 1991, p. 43.

Les doigts dans le nez, René !

Ce commentaire désinvolte fait allusion à un geste familier aux enfants qui symbolise ici l'insouciance, la décontraction. Il s'applique à une action menée sans aucun effort, à une affaire qui se déroule dans la plus grande facilité. (Formule citée par François Caradec.)

Ambiguïtés

Tu dis vrai, Jacquet, « raillerie pour se moquer de ce qu'un autre dit », note Antoine Oudin dans ses *Curiositez françoises*, publiées en 1640. Témoignage précieux. Sans lui, nous aurions perdu et la formule, et sa surprenante signification.

Ainsi donc, derrière une approbation en apparence innocente, se cache une objection latente qui emprunte, pour s'exprimer, les voies de la dérision. On fait mine d'approuver, on n'en pense pas moins. C'est le principe même de l'ironie ; les mots disent autre chose que ce qu'ils signifient d'habitude – et souvent le contraire.

L'humour s'en accommode si bien qu'à la suite du lointain Jacquet, d'autres sont venus, d'Auguste à Thierry en passant par Hector, pour se prêter au jeu de l'ironie. Grâce à ceux-là, nous continuons à jouer de l'équivoque, ce qui, parmi les plaisirs simples que peut offrir le langage, reste une distraction fort réjouissante.

Notamment, Armand !

« Et comment ! Plutôt ! » Formule de renchérissement musclée, qui repose sur un sous-entendu ironique : la proposition de l'autre, à laquelle on répond d'une façon si péremptoire, est ainsi ouvertement considérée comme oiseuse.
Dans un tel cas, la formulation rend compte d'une ambiguïté de la pensée : on acquiesce, par pure formalité, aux suggestions d'autrui et, dans le même temps, on en souligne la banalité ou l'inutilité.

> – Rien que sa pochette !... T'as vu sa pochette ?
> – Oui, Raoul. (...)
> – Et les cheveux ! (...) Avec ce blair !
> – Oui, Raoul. (...)
> – Très symptomatique !
> J'ose :
> – Tu veux dire : sexuellement ?
> – Notamment, Armand !...
>
> G. Conchon, *Le Sucre*, p. 173.

Tout juste, Auguste !

« C'est exactement cela ! Vous avez deviné ! » Formule d'approbation apparemment dépourvue de malice, qui semble faite pour souscrire à la justesse d'une affirmation ou à la pertinence d'une opinion. L'interjection serait plutôt bon enfant si elle n'était, en fait, le plus souvent utilisée en guise de réponse ironique à des propos convenus, à un raisonnement simpliste, à une question inutile.

Petit garçon : Pourquoi tu m'aides comme ça, mamie, parce que je suis ton p'tit fils préféré ?
Mamie Togon : Non, parce que tu vas me donner 10 000 dollars.
Petit garçon : 10 000 dollars ?
Mamie Togon : Tout juste, Auguste !

Myster Mask, dessin animé,
TF1, 24 janvier 1993.

De quel Auguste s'agit-il ? Non pas du clown blanc, dont la sagacité est pourtant réputée, mais plutôt de l'empereur romain... Une fin d'hémistiche, devenue populaire, serait, selon Jacques Cellard, à l'origine de la locution :

Adjupète : À découvrir son nom, tout mon zèle s'ajuste.
Serait-ce l'empereur ?
Antoine : ... C'est lui tout juste.
Adjupète : ... ...Auguste !
Ô ciel ! J'entends sa voix ! Et sous quelque moment...

P. Reboux et Ch. Muller,
À la manière de (Racine), p. 14.

J'te crois, Benoît !

Interjection populaire en usage dans l'Est de la France. Quand on est en verve, on la livre dans sa forme intégrale : ***J'te crois, Benoît... Avec tes grands doigts !***... histoire de s'amuser un peu. Aux dépens d'autrui, c'est vrai, car la formule, toujours ironique, marque qu'on ne croit pas un mot de ce que l'on vous dit, même si, pour convaincre, votre interlocuteur accompagne ses propos de gestes éloquents : « Cause toujours, tu m'intéresses ! »

Tu parles, Charles !

Formule d'approbation ou d'affirmation. Comme les précédentes, elle s'utilise le plus souvent pour répondre à une question formulée ou à un propos dubitatif. Mais celle-ci est ambivalente, susceptible de prendre des valeurs opposées selon la charge d'ironie sous-jacente.
Dans un sens positif, c'est une formule de renchérissement qui traduit une totale adhésion aux propos, aux suggestions d'autrui : c'est l'équivalent d'un « Et comment ! » percutant, la rime renforçant le caractère assertif de *Tu parles !*

> Le vieux masse maintenant son crâne ivoirin.
> – Vous connaissez Mathias ?
> Tu parles, Charles ! C'est un de mes meilleurs collègues.
> (...)
> – Je ne connais que lui, patron !
>
> San-Antonio,
> *Au suivant de ces messieurs*, p. 22-23.

Utilisée avec une intention ironique manifeste, la même formule repousse d'une manière brusque, voire méprisante, les doutes, les interrogations de l'autre, en suggérant que ses propos sont faibles par rapport aux réalités évoquées.

> Ferdinand : Je me demande ce qu'elle *(sa femme)* a dit à la police (...)
> Marianne : Tu parles, Charles ! Elle a dit tout le mal de toi qu'elle pouvait.
>
> J.-L. Godard, *Pierrot-le-fou*, p. 82.

L'expression s'utilise volontiers aujourd'hui dans ce dernier sens, plus radical. On est loin d'une approbation à peine moqueuse, il s'agit maintenant, avec les mêmes mots, d'envoyer promener les autres.

> Le psy amateur (...) Incroyable comme on lui rappelle cette (subliiime) madone préraphaélite qu'il a revue la semaine dernière (...) On glousse bêtement. Malheureuse ! Sous nos airs frivoles, ne serait-on pas quelqu'un de profondément angoissé ? (Tu parles, Charles.)
>
> *20 Ans,* n° 71, juillet 1992, p. 76.

Mieux encore : en réaction à une franche affirmation, ce commentaire peut s'utiliser pour prendre le contre-pied de ce qui vient d'être dit et se transforme alors en critique cinglante.

> Slatter : J'suis sûr que cette fille est folle de moi.
> Zac : Tu parles, Charles ! C'est plutôt de moi qu'elle est folle.
>
> *Sauvés par le gong,* série, France 2, 5 janvier 1993.

Cet emploi récent est assez vivace pour avoir engendré une locution conjonctive.

> (...) ce nouveau chanteur tu sais Maman, Johnny quelque chose, il revient dans huit jours. Johnny comment? Johnny H. ? Ah bon connais pas. Non elle avait tant à faire. Tu parles Charles qu'elle ne savait pas.
>
> D. Rondeau, *L'Âge-déraison,* p. 109-110.

D'accord, Hector !

« Admettons. » Avec cette formule, fondée sur un emploi récent de *d'accord* qui, prononcé d'une certaine manière, signifie « à la rigueur, si on veut », on approuve du bout des lèvres les propos ou les opinions d'autrui, on les admet, sans plus. Préalable purement formel à de probables restrictions ou contradictions.

> ... Gainsbourg a bien dit: « La laideur est supérieure à la beauté en ceci qu'elle dure. » D'accord, Hector! Mais si on m'offrait un bon-pour-un-lifting à Noël, je ne cracherais pas dessus.
>
> *20 Ans*, n° 74, octobre 1992, p. 87.

T'as raison, Léon !

Formule d'approbation ambiguë. *Léon*, prénom vieillot et frappé d'un certain discrédit, fait le jeu de la rime et sa brièveté confère un aspect péremptoire à l'assertion. On l'utilise, sinon pour manifester son accord, du moins pour signifier qu'on n'a pas l'intention de discuter plus avant, le sujet n'en valant pas la peine.

> – À moi, les gars! Je suis pris dans les parquets mouvants!
> – C'est bien fait! Il veut toujours être plus futé que les autres.
> – D'ailleurs on sera moins pour le partage du butin.
> – T'as raison, Léon.
>
> Fred, *Le fond de l'air est frais*, p. 19.

Valeur ironique plus nettement marquée dans la variante ***T'as raison, Zonzon !*** où *Zonzon*, fabriqué à l'occasion pour la beauté de la rime, a toutes les apparences d'un diminutif ridicule et fait une apostrophe péjorative tout à fait vraisemblable.

Penses-tu, Lulu !

« Mais non ! Pas du tout ! » Le diminutif est utilisé pour renforcer par une rime joueuse une interjection familière ironique. Par cette formule chantante, on repousse les doutes, les interrogations de l'autre. On la préfère à ***Tu parles, Charles !***, qui peut avoir un sens voisin, quand la légèreté et la gentillesse s'imposent.

Tu rigoles, Paul !

Agrémentée d'un jeu de sonorités inattendu, cette formule amusante n'en est pas moins ferme. « Tu plaisantes ! Certainement pas ! » répond-on à ceux qui ont eu la mauvaise idée d'émettre un doute, ou une suggestion.
À rapprocher de ***Penses-tu, Lulu !***, dont la construction est semblable et le sens voisin. Davantage de brusquerie ici.

Tout à fait, Thierry !

À l'origine de ce néologisme qui a fait fortune, une formule ritualisée, générée et diffusée par les médias. Derrière ce *Thierry*-là se profile Thierry Roland, journaliste bien connu des amateurs de football.
À la télévision, l'usage veut que les commentateurs sportifs dialoguent entre eux pendant le déroulement des matchs. Ces spécialistes du direct recourent à des formules de renchérissement, du type *Tout à fait, mon cher* X, dont la fonction essentielle est de faire rebon-

dir la conversation et aussi d'introduire les téléspectateurs dans leur complicité, par le biais d'un dialogue théâtralisé. Ces formules-outils, non porteuses d'information, ne manquent pas d'être perçues comme des tics de langage, dont le comique n'a pas échappé à certains spécialistes de la dérision.

Ainsi le fameux *Tout à fait, Thierry !* colporté par *Les Guignols de l'Info* de Canal+, est-il sorti de son contexte initial. Il s'emploie désormais à tout propos, pour répondre de manière fortement approbative à une suggestion ou une proposition banale qui prendra, de ce fait, les apparences d'une grandiose évidence.

L'expression étant d'origine médiatique, donc largement répandue, il n'est pas étonnant que les publicitaires l'aient utilisée, non sans humour d'ailleurs, comme support d'une campagne d'affiches en deux volets :

> – Un lave-vaisselle à 1 575 francs ? *(Première affiche.)*
> – Tout à fait, Thierry ! *(Deuxième affiche.)*
>
> (Publicité *Arthur Martin*, juin 1992.)

Tout à fait, Jean-Michel !

est entré en circulation récemment et concurrence la précédente formule, déjà usée par une carrière fulgurante. Il s'agit d'une variante en forme de clin d'œil à la première : elle met en scène Jean-Michel Larqué, second acteur du tandem qui, depuis plus de dix ans, fait les beaux jours du foot à la télé.

Vous voyez où peut mener le football, à condition, mon cher Jean-Michel, de savoir en sortir. Tout à fait, Thierry !

T. Roland, J.-M. Larqué,
Tout à fait, Jean-Michel !, préface.

Tout à fait, Albert !

Cette formule-titre d'un article dû au critique de télévision Alain Rémond est-elle l'ultime variante ? Inventée fort à propos, sur le modèle des deux précédentes, elle symbolise l'inanité du langage médiatique.

« Tout à fait Albert ! », *Télérama*, n° 2272, 28 juillet 1993, p. 43.

Amabilités

Nicolas, J't'embrouille! Relevée en 1866 par Alfred Delvau dans son *Dictionnaire de la langue verte*, la formule est ainsi commentée : « Exclamation de défi dans l'argot des écoliers. »
Si ce cri de guerre a disparu, la provocation, la raillerie, la menace s'expriment toujours, en langage codé, dans les cours de récréation : Adèle, Léon, Marcel ont investi la place laissée vacante par Nicolas, plusieurs fois sollicité au siècle dernier.
L'histoire ne s'arrête pas là. Les adultes ont aussi des petits comptes à régler entre eux et ils ne se privent pas de le faire par le truchement de quelques formules faussement aimables ou franchement brutales. Du simple mouvement d'humeur aux sérieuses mises au point, toutes sortes de rosseries s'expriment avec humour et désinvolture. Faut-il remercier Aglaé, Denise, Edgar ?...

Tu vas m'le payer, Aglaé !

Menace désinvolte à l'adresse d'un quidam susceptible de vous avoir joué un vilain tour. L'expression est empruntée au langage « des filles et des faubouriens, qui l'employaient, commente Delvau, à propos de tout – et surtout de rien » :

> Quelqu'un annonce une nouvelle ou dit un mot drôle : « Tu vas m'le payer, Aglaé. » Il pleut ou il neige : « Tu vas m'le payer, Aglaé. » On tombe ou l'on voit tomber quelqu'un : « Tu vas m'le payer, Aglaé. »
>
> A. Delvau, *Dictionnaire de la langue verte.*

Il s'agissait en somme, pour les initiés du moins, d'une plaisanterie plutôt que d'une parole d'intimidation.
On peut s'interroger sur la présence d'un prénom féminin en apostrophe, le destinataire pouvant aussi bien être un homme. L'origine de l'expression (milieu de la prostitution) éclaire sans doute ce choix : un milieu où les dames se cherchent volontiers querelle.

Va voir, Adèle... Ta mère t'appelle !

On avait recours à cette expression aujourd'hui désuète (à l'image du prénom utilisé) pour se débarrasser d'une gêneuse. Un équivalent de « Va voir là-bas si j'y suis ! », en usage dans les cours de récréation, côté filles, du temps où la mixité n'était pas de mode et où l'autorité éducative des mères se manifestait parfois de manière directe. O *tempora, o mores*...

T'as l'bonjour d'Alfred !

Si l'on hésite sur l'origine de ce salut apparemment désinvolte (peut-être un refrain de caf' conc', comme le suggère Claude Duneton qui avance une date : Paris 1920), sa signification, en revanche, ne fait aucun doute. Il s'agit bel et bien d'une rosserie déguisée qui accompagne une prise de congé brutale, ou par laquelle on élude une question embarrassante, on expédie un importun. Peu élégant, mais efficace.

> Quand je pense, moi qui avais fait des pieds et des mains pour le faire libérer. Lui, ça a été : « T'as le bonjour d'Alfred ! Au revoir et merci. »
>
> F. Joly, T. Joly, « *Cortège de bonheurs* », *La si jolie vie de Sylvie Joly*, p. 107.

C'est également une formule de refus. Comprendre : « Tu peux toujours te l'accrocher ! » :

> La voix musclée de Bacchus domina le boucan vespéral (...) Belote et rebelote ! (...) Et dix de der ! Poil au der ! (...) T'as le bonjour d'Alfred ! ricana Riri.
>
> R. Guérin, *Les Poulpes*, p. 409.

Sur le plan formel, la formule fait exception. Ici en effet, le prénom final ne constitue pas une apostrophe, il fait partie de l'interjection : celui qui lance ce bonjour particulier, à défaut de prêter à son interlocuteur une identité de fantaisie, se met en scène lui-même sous les traits d'un Alfred mystérieux et menaçant.

Ah ! Que t'es couenne, Antoine !

« Formule de désapprobation » en usage en Beauce au siècle dernier, d'après Eugène Rolland.
En introduisant le prénom *Antoine* dans un jeu de rime bâti sur *couenne*, avec sa prononciation traditionnelle, on lui donne une sonorité qui prête à rire. D'où une nuance péjorative latente pour cette interjection rustique probablement sortie de l'usage.
Le procédé est toujours en vogue, comme l'atteste un récent : ***Que t'es donc benêt, mon Nanet !*** Pour exprimer un désaccord teinté de mépris, on recourt cette fois à un diminutif dévalorisant.

> – Écoute, lui dis-je, je crains maldonne entre nous. Il y a des limites (...) et ne compte pas sur moi pour aller trop bas !
> Effet nul. Au contraire : « Que t'es donc benêt, mon Nanet ! »
> Alors je lui dis bonsoir. Si ça doit devenir ça, nos rapports, j'aime autant.
>
> G. Conchon, *Le Sucre*, p. 127.

Tu l'as dur, Arthur !

Commentaire où se mêlent compassion et ironie, adressé à qui éprouve des difficultés ou semble victime de la fatalité. (Relevé par Henri Bauche.)

On t'appelle, Azor !

Azor, nom habituellement attribué aux chiens, occupe ici la place de l'apostrophe où l'on s'attend à trouver un prénom. De là une coloration plutôt méprisante pour cette formule issue du monde du spectacle, où *appeler Azor* signifie « siffler ». Elle concerne donc en premier lieu ceux qui s'exposent au mécontentement d'un public.
Elle s'emploie aussi, dans une intention moqueuse évidente, pour appeler un camarade ou s'en débarrasser. Dans ce dernier sens, la formule est proche de ***Va voir, Adèle... Ta mère t'appelle !***, évoquée plus haut. (Formule citée par François Caradec.)

Merci, Bernard !

Voici, sous des airs d'innocence, un remerciement insidieux. Nous devons cette expression à une émission télévisée humoristique de Jean-Michel Ribes, diffusée au début des années quatre-vingt, parodiant la télévision sur le mode loufoque. À travers la formule-titre *Merci, Bernard !*, on se moquait (déjà) des animateurs ou des journalistes qui se renvoient la balle au moyen de formules-clichés vides de sens. Voir le récent ***Tout à fait, Thierry !*** qui appartient à la même veine médiatique.
L'interjection devient brutale pour peu que l'on joue sur l'ambiguïté sémantique de *Merci*. Elle s'utilise alors, par euphémisme, pour reprendre la parole à un

interlocuteur trop bavard, ou, pire encore, pour congédier quelqu'un. Le tout sous le couvert d'une amabilité de circonstance.

> MERCI BERNARD ! En supprimant *Caractères*, l'émission littéraire de Bernard Rapp (...) la direction de FR3 vient de commettre, comme s'indignent écrivains, éditeurs et simples lecteurs, un crime culturel antidémocratique.
>
> *Elle*, n° 2450, 14 décembre 1992, p. 7.

Adieu Berthe !

Formule qui exprime un franc ras-le-bol : « Et basta ! » Elle souligne le désintérêt soudain qu'on éprouve pour quelque chose ou accompagne une prise de congé assez brutale. Une façon désinvolte d'expédier les corvées, ou les importuns.

> J'ai pensé qu'un « pardon »(...) pourrait nous sauver : il suffisait de le prononcer comme il fallait (...) je n'ai pu m'empêcher de le répéter encore dans le noir du couloir, puis j'ai fait une halte (...) dans mes chers w-c (...) et là j'ai mis tout au point : avec énergie, j'accentuais le « par » et je jetais le « don », l'air de dire : « Il ne faut tout de même pas exagérer, c'est terminé, point final, et adieu Berthe. »
>
> É. Reberg, *Olga oh ! la la !*, p. 71-72.

Cette formule est ambivalente (on la retrouve, avec une signification différente, au chapitre « Résignés et battants »).
Par ailleurs, ***T'as l'bonjour d'Alfred !*** et ***Bonsoir Simone !*** ont une valeur proche de celle décrite ici.

Pas de méprise, Denise !

Création branchée relevée dans un magazine destiné aux adolescentes. L'expression prend, dans le contexte, toutes les apparences d'une franche vacherie, pas même fardée de bienséance, annonçant une mise au point aussi grossière que brutale.

> Lui : Un Earl Grey à 17 heures ? (Pas de méprise, Denise, c'est ta copine qui m'intéresse.)
> Elle : Un thé, ah... heu... parfait. (Waouaoua, raffiné ! Un vrai gentleman.)
>
> *20 Ans,* n° 72, août 1992, p. 79.

La recherche d'une assonance, qui a évidemment motivé le choix d'un prénom aujourd'hui peu répandu, révèle le statut ludique de la formule. Cet avertissement pourrait d'ailleurs, en d'autres circonstances, être utilisé d'une manière moins cruelle, « pour rire ».

Trop tard, Edgar !

Cette formule de défi insolent est un néologisme apparu dans un livre traduit de l'anglais. Issue des nécessités de la traduction, l'expression est canoniquement construite et de signification évidente, elle pourrait fort bien s'imposer dans la langue.

> Soudain, tante Lucie s'écrie : « Mon Dieu ! J'ai oublié ton écran total. Viens ici ! »
> – Tu dis : « Des clous ! »
> – Tu laisses tante Lucie te tartiner de crème.
> – Tu cries : « Trop tard, Edgar ! » et tu te rues dans l'eau.
>
> D. Ephron, *C'est obligé de dire merci ?,* p. 47.

Tu rêves, Herbert ! (...)

« Tu délires ! Ça va pas ! » Si *Herbert* n'est pas là pour la rime, il a été réquisitionné pour faire un calembour, ce qui est une façon de jouer à la fois sur le sens et la sonorité des mots. Cette assertion s'utilise pour ramener à la réalité ceux qui ont des prétentions que l'on considère comme vaines. Si celui qui est ainsi rabroué refuse de se soumettre au jugement d'autrui, il peut toujours répondre sur le même mode : ***... Non, je dor...yphore !***

N'oublie pas d'être con, Léon !

Une façon de ne pas envoyer dire à quelqu'un qu'on le trouve franchement stupide. Plus provocante que sarcastique, cette formule manie l'humour vache. En usage chez les jeunes, elle reflète leur penchant naturel à la raillerie.
On retrouve ici le désuet *Léon* déjà utilisé par ailleurs (voir ***T'as raison, Léon !***), toujours défavorablement connoté. Certains prénoms, en fonction des modes, sont temporairement ressentis comme un peu ridicules et les locuteurs puisent volontiers dans ce purgatoire pour alimenter des formules dans lesquelles la dérision s'affiche.

Ramène pas ta graine, Marcel !

« Occupe-toi de tes affaires ! » Pour remettre à sa place un prétentieux, un vantard, un accro du « Moi, je ». (Relevé en 1992.)
Chez les grands enfants (11-12 ans) qui colportent la formule, *Marcel* est vraisemblablement ressenti comme démodé donc ridicule. Par ailleurs, aujourd'hui, un *marcel* c'est « un petit ami, un jules », bref quelqu'un avec qui on peut se permettre des familiarités. Le choix du prénom, s'il n'est pas toujours motivé par la rime, n'en est pas gratuit pour autant : il permet d'afficher des intentions plus ou moins bienveillantes. Ici, bien qu'il n'autorise qu'une rime imparfaite, le prénom retenu place l'avertissement initial sur un mode narquois.

Gâteau, Margaux !

Gâteau ! est utilisé depuis peu chez les grands enfants, pour répondre, *dixit* Ralph-Olivier, « à quelqu'un qui dit n'importe quoi, pour lui montrer que c'est idiot ou qu'on n'y croit pas ». Quel sous-entendu permet la transformation de l'innocent *gâteau* en interjection peu aimable ? C'est tout simplement aux bébés que l'on propose un gâteau pour qu'ils soient bien sages. Dire *Gâteau !* revient à souligner l'infantilisme d'une conduite ou de propos. *Margaux* a bientôt suivi, prolongeant l'interjection initiale d'un jeu sonore amusant qui adoucit peut-être l'injurieux *Gâteau !* (Entendu à plusieurs reprises, en 1993, dans la conversation d'un petit garçon de 10 ans.)

Des queues, Marie !

« Pas question ! » Réponse désobligeante à une suggestion ou une proposition considérée comme naïve ou malvenue. Le prénom *Marie* a vraisemblablement été choisi parce qu'il évoque l'ingénuité.

> Émile le massicotier accompagna d'un sifflement impératif un geste du pouce désignant la livraison (...).
> – Vous m'aidez à charger ? demanda Olivier sans espoir.
> – Des queues Marie, répondit Émile, je suis ouvrier du Livre, pas ouvrier des Transports.
>
> R. Sabatier, *Les Fillettes chantantes,* p. 19.

On ne s'étonnera pas de voir *Lisette* remplacer *Marie* à l'occasion : ***Des queues, Lisette !*** Celle-là symbolise également la candeur, et elle a été sollicitée pour cette raison à diverses reprises.

> Je t'appelle dans huit jours, là j'ai du boulot : Des queues, Lisette !
>
> J. Folly, É. Hanska, *Le Manuel de la garce,* p. 59.

T'as intérêt, Néné !

Le diminutif utilisé en apostrophe, loin d'être valorisant, apporte une nuance de mépris à la mise en garde initiale. Rude formule, tout de même adoucie par le jeu des correspondances phoniques qui ramène le propos sur un terrain ludique : la menace implicitement formulée est partiellement suspendue.

Raoul d'Homécourt de la Vibraye : *(au téléphone)* Bon, alors, qu'est-ce que tu décides ?
Adrien Courtois : Ben je... j'crois qu'à la rigueur je pourrais venir...
Raoul : T'as intérêt, Néné ! On me trouve rue des Abbesses, numéro 47.

J. Rouffio, *Le Sucre*
(scénario : G. Conchon, J. Rouffio).

Attrape ça, Nicolas !

« Formule de l'enfant grondé ou puni », signalée par Eugène Rolland en 1883. Bien qu'elle ait disparu, il est facile de l'imaginer accompagnée d'une gifle...
Certains prénoms sont périodiquement frappés de discrédit. C'est le cas de *Nicolas* qui, au siècle dernier, symbolisait la sottise, la puérilité. On le retrouve d'ailleurs dans deux autres expressions de défi en vogue chez les écoliers à la même époque : ***Tu n'en auras pas, Nicolas !*** et ***Tu ne m'attraperas pas, Nicolas !***
Depuis, *Nicolas* s'est réhabilité, comme en témoigne *Le Petit Nicolas*, poétique petit garçon imaginé par Sempé et Goscinny en 1960.

T'es moche, Patoche !

Formule de circonstance fabriquée sur mesures à partir du diminutif *Patoche*. Celui-ci étant rare, l'expression a peu de chance de s'implanter. Elle témoigne néanmoins de la vitalité du modèle linguistique.

L'enfant : Je... j'ai entendu des cris... Je pensais que quelqu'un était en danger !...
Le clown : Mais je *suis* en danger ! Mon perroquet savant crie « Au secours » depuis ce soir !... Alors qu'il devrait dire « T'es moche, Patoche ! »

C. Delafosse, *Panique au cirque*, p. 30.

Tu triches, Patrick !

Ici, une rime approximative, bien ressentie comme un à-peu-près ludique par mon informatrice, une adolescente, qui apporte une précision supplémentaire : la formule, entendue quelques jours plus tôt, était adressée « à une fille qui racontait une chose impossible à croire ». (Relevé en janvier 1993.)
Cette sorte de création spontanée, probablement éphémère, démontre le caractère récréatif du procédé linguistique mis en jeu. Il s'agit de présenter un message banal dans un emballage formel séducteur, en jouant avec la substance sonore des mots. La jubilation escomptée vaut bien un calembour et peu importe si, en plus, on apostrophe une fille avec un Patrick indubitablement masculin. Cela aussi fait partie du jeu.

Bonsoir Simone !

Formule cavalière utilisée pour manifester à autrui un désintérêt soudain, ou pour prendre brusquement congé.
Même valeur dans ***Adieu Berthe !***, décrit plus haut.

(...) elles quittaient leurs fourrés *(les prostituées)* pour se faire juger au plus près, en bord de trottoir (...) Examens pour le moins sommaires, panoramiques éclair, puis bonsoir Simone !... Grossier... Un air de dire : « La qualité n'y est pas »... Infiniment vexant (...)

G. Conchon, *Le Sucre*, Paris, p. 175.

De l'air, Suzy !

Formule-calembour que l'on peut adresser, dans un mouvement d'humeur, à qui vous « pompe l'air » précisément, autrement dit à un importun dont on espère ainsi se débarrasser.
S'utilise aussi, plus prosaïquement :

Dans une voiture stationnée en plein soleil, un des occupants baisse une vitre :
– De l'air, Suzy !

(Relevé en août 1992.)

C'est la chanteuse et comédienne Suzy Delair qui est (bien involontairement) à l'origine de ce calembour. L'interprète des fameux *Avec son tralala* et *Ah, si papa il savait ça* eut son heure de gloire dès la fin des années quarante, vingt ans après, elle était encore très populaire. La rançon de la célébrité est parfois de susciter des blagues.

Tu as tort, Totor !

Un diminutif dévalorisant en apostrophe donne le ton : la formule est péjorative. Ce qui aurait été moins évident avec un Victor ou un Hector. Mais,

d'un autre côté, la richesse sonore obtenue avec ce Totor rétablit un équilibre.
Nous sommes là dans un mode ludique, plus propice à la gouaille qu'à la cruauté. (Relevé par Pierre Guiraud dans *Les Jeux de mots*, p. 31.)

Savoir-vivre

Claude Duneton rapporte qu'au siècle dernier, en signe de bienvenue, d'amabilité, on se lançait un cordial ***Embrassons-nous, Folleville !***

L'heure de gloire de Folleville, échappé d'une pièce d'Eugène Labiche en 1850, est passée. Il a été remplacé par de plus populaires congénères sur le petit théâtre de la vie en société où l'on échange toutes sortes de politesses.

On se salue, on remercie, on trinque, on se congratule, on cause, on séduit... On tisse mille et un liens qui enjolivent les relations humaines et s'expriment volontiers sur un mode familier de nos jours, pour peu que les circonstances s'y prêtent.

À travers Alfred, Émile, Étienne et quelques autres personnages d'occasion, on s'acquitte en riant des civilités indispensables. On s'en amuse parfois si bien que certains inventent spontanément, au gré des nécessités conviviales, des interjections opportunes.

Hello, Charlot !

Pour interpeller : « Salut ! Bonjour ! »
Charlot, qui fait si bien le jeu de la rime, est en principe dépréciatif. Ce diminutif du prénom Charles est devenu un nom, connoté de manière péjorative. *Un charlot* c'est un personnage peu sérieux, si ce n'est un incapable, un pauvre type.
Charlot étant par ailleurs indissociable, depuis les années vingt, du personnage sympathique créé par Charlie Chaplin, il peut désormais s'utiliser dans une intention affectueuse. C'est le cas dans cette apostrophe nettement familière mais pas nécessairement moqueuse.

> (...) Pincemi et Pincemoi continuaient à se raconter des blagues, comme d'habitude. Ils disaient : (...) Hello Charlot. Relax Max. À la tienne, Étienne.
>
> H. Bichonnier, *Pincemi Pincemoi et la Sorcière*, s.p.

Salut, Martin !

Bonjour adopté à la fin des années trente par les collégiens qui l'accompagnaient d'un geste complice : pouces sur les tempes, doigts en éventail. À l'origine de cette pratique, un film de Christian-

Jaque, *Les Disparus de Saint-Agil*, tiré du roman de Pierre Véry :

> *En entrant dans la salle de sciences naturelles où ils se réunissent la nuit en secret, les pensionnaires du collège de Saint-Agil adressent à Martin, le squelette destiné aux leçons d'anatomie, ce salut rituel :* « Salut, Martin ! »

Au hasard, Balthazar !

Si la formule n'est pas neuve (voir ***À l'hasard, Balthasar*** au chapitre « Résignés et battants »), elle s'utilise aujourd'hui dans un sens récent, en guise d'au revoir désinvolte : « À un de ces jours ! »

> Et comme je ne pouvais prendre son cœur
> Je l'ai remise sur le palier (...)
> Et elle m'a dit, d'une voix très sèche
> Bye Bye Au hasard Balthazar
>
> J. Dutronc, J. Lanzmann, *La Fille du père Noël.*

Adieu, Luc... T'père vendôt du chuque !

Formule d'adieu en usage dans le Nord de la France, signalée par Eugène Rolland en 1883. Le prolongement, purement ludique, introduit un jeu de sonorités reposant sur un régionalisme : *chuque*, qui signifie « sucre ». D'où une nuance goguenarde.

Bobo, Boby !

Salut nostalgique fabriqué sur mesure pour un jongleur de mots. Formule de circonstance, cette création spontanée est fabriquée dans les règles de l'art et pour le bon plaisir des correspondances phoniques.

> Ta Katie t'a quitté. Boby aussi. Il y a vingt ans. Tout juste. Seulement. Déjà. Bobo, Boby ! 1992 aurait dû être l'année Lapointe.
>
> *Grandes Lignes,* n° 1, décembre 1992, p. 66.

Merci, Léo !

Message posthume adressé à Léo Ferré par un journaliste. Il s'agit encore d'une création isolée, dictée par les circonstances, mais ce type de formule, fort répandu, illustre bien l'aspect théâtral du tandem interjection+apostrophe qui a la vertu de faire immédiatement surgir un personnage. (*Globe Hebdo*, n° 24, 21-27 juillet 1993, couverture.)

Shalom, Shalom

Autre création opportune, également relevée dans la presse. Elle est exceptionnelle sur le plan formel : le salut initial et le prénom en apostrophe étant homonymes et homographes, l'ensemble offre une parfaite construction en miroir, poétiquement riche. D'un point de vue sémantique, on note un décalage par rapport au modèle canonique. Aux antipodes de la désinvolture et de l'ironie habituelles, ce salut respectueux est empreint de gravité. Ce qui se traduit, sous la plume du journaliste qui en est l'auteur, par l'absence de point d'exclamation.

> Shalom Cohen, correspondant de *Libération* en Israël, s'est éteint à Jérusalem (...) La paix soit avec toi, Shalom, frère et ami (...) Pardonne-nous de pleurer (...) la douleur de l'absence est trop forte. Mais tu seras toujours là. Shalom, Shalom.
>
> *Libération*, 2-3 janvier 1993, p. 32.

... *Convivialité*

À la tienne, Étienne !

Formule traditionnellement utilisée pour trinquer. *À la tienne* est une variante elliptique de *À ta santé*, quant à *Étienne*, il est là pour le plaisir de l'assonance, comme le laissent supposer les prolongements possibles qui s'utilisent en cascade dans le dialogue :

> Rabat-Joie, *prenant son verre :* À ta santé !
> Paladin, *de même :* À la tienne ! (*Ils trinquent.*)
> Rabat-Joie : Étienne... sans rancune...
> Paladin : Aucune... à nous deux...
> Rabat-Joie : Mon vieux... avalons...
> Paladin : Tonnerre... dix minutes d'arrêt.
>
> Siraudin et Blum, *Mont-Joie fait peur*, p. 13.

La formule mère, bien implantée dans la langue, est utilisée par les traducteurs au titre de gallicisme :

> Ils devenaient somnolents sous l'ardeur du soleil (...) Pilon enleva ses souliers.
> – À la tienne, Étienne ! dit Big Joe, et ils séchèrent la bouteille.
>
> J. Steinbeck, *Tortilla Flat*, p. 116.

Elle est à ce point populaire qu'elle peut générer des plaisanteries, simplement motivées par le prénom de la personne apostrophée :

> À la tienne, Étienne ! Daho garde les pieds sur terre et la tête dans les nuages.
>
> *Journal télévisé*, France 2, 25 octobre 1992.

Passe-moi l'sel, Noël !

Un exemple parmi les mille et une plaisanteries auxquelles peut donner lieu l'utilisation ludique de la rime intérieure pour débanaliser les interjections rebattues de la vie quotidienne. (Relevé en décembre 1993.)

Aboule, Abdul !

Formule de réclamation musclée, surtout si elle est accompagnée d'un geste impatient de la main qui s'apprête à récupérer quelque chose, en particulier de l'argent.

Merci, Mamie Nova !

Une retombée du boom publicitaire.
Ce slogan constitue la chute de la publicité pour les produits laitiers Mamie Nova (1983).
Cette façon de remercier parodie les formules de politesse toutes faites inculquées aux enfants, en particulier celles où la personne remerciée doit être nommée si l'on veut respecter les convenances. (Merci qui ? Merci Mamie.) Tirée de son contexte et adressée à une personne quelconque ou inconnue, voire à une entité abstraite, la formule devient narquoise.

Merci, petit Jésus !

Exclamation qui peut s'entendre à l'issue d'un plantureux repas. Cette action de grâce familière nous vient d'une courte chanson populaire dont elle constitue la chute.

> Bien mangé, bien bu, petit ventre bien tendu, merci Jésus.
>
> B. Beck, *Vulgaires Vies*, p. 12.

S'utilise, en d'autres circonstances, avec une valeur différente. Voir au chapitre « Résignés et battants ».

Joyeux Noël, Félix !

Un succès cinématographique est à l'origine de cette formule devenue très populaire chez les adolescents qui l'emploient (*dixit* Aurélie, 16 ans) « à propos de tout et de rien... à n'importe quel moment, pour alimenter la conversation ».

> Félix : (...) C'est des querelles d'amoureux. Vous êtes marié, vous vous êtes jamais disputé avec votre femme, vous ?
> Pierre : Oui, mais jamais à coups de fer à souder.
> Félix : Euh, c'est parce que vous êtes pas bricoleur (...)
> *(Josette arrive derrière Félix, brandissant un fer à repasser.)*
> Josette : Félix !...*(Il se retourne, elle le frappe avec le fer.)* Joyeux Noël, Félix !
>
> J.-M. Poiré, *Le Père Noël est une ordure* (scénario : J. Balasko, J.-M. Poiré *et alii*).

Bonne fête, Paulette !

Employé par dérision, mais sans méchanceté, quand on offre des fleurs à une dame. Clin d'œil à Guy Bedos, qui a rendu la formule célèbre.

> Bonne fête Paulette... Je vais lui dire à ma femme... Bonne fête Paulette... Et je lui donnerai mon bouquet... Elle a horreur des fleurs... C'est justement... Je déteste ma femme...
>
> J.-L. Dabadie, *Bonne Fête Paulette*, p. 285.

...*Commodités pour la conversation*

Ah ! Colas !

Formule de connivence qui s'utilise dans le dialogue, pour souligner malicieusement un étonnement provoqué chez l'autre.

> – Ah !
> – Ah ! Colas !
>
> (Relevé par Eugène Rolland en 1883.)

Tu piges, Edwige ?

Pour s'assurer l'attention et la complicité d'un auditoire, on peut toujours emprunter cette formule bien balancée, inventée par un expert en la matière.

> Béru se réveille (...)
> – Tu crois qu'il trempe dans l'histoire ?
> – (...) pour mettre un bonhomme en conserve, fallait disposer de l'usine... Et pour disposer de l'usine, faut en avoir les clés... Tu piges, Edwige ? (De temps à autre je reviens, vous voyez, à une versification classique.)
>
> San-Antonio,
> *En long, en large et en travers*, p. 180-181.

À moins qu'on ne lui préfère cette heureuse variante, due à l'habileté d'un traducteur : ***T'entraves, Gustave ?***

Non, merci ; je tenais pas spécialement à être le prochain pigeon. T'entraves, Gustave ? y avait toutes chances pour qu'elle *(une prostituée)* ait posté quelque part un ou deux malabars capables de vous défoncer le portrait à coups de pompe (...)

P. Loughran, *Londres-Express*, p. 36.

Sauf que quoi, Éloi ?

Autre création ludique fabriquée pour répondre à des nécessités voisines : alimenter le dialogue, entretenir une relation de complicité entre les interlocuteurs.

– Sauf que...
– Sauf que quoi, Éloi ?
– Pourquoi t'as dit un jour que ça pouvait tomber jusqu'à dix-huit cents ? *(le sucre, à la Bourse)*
– Parce que j'avais pas tout saisi, Élie...

G. Conchon, *Le Sucre*, p. 93.

La dernière réplique laisse entrevoir un ***Tu saisis, Élie ?***

Je te/vous le donne en mille, Émile !

« Je te/vous mets au défi de deviner, de trouver (quelque chose parmi mille possibilités). » *Émile* vient renforcer la couleur ludique de la formule initiale en lui offrant une belle assonance.

(...) je m'endors. Qu'est-ce qui m'réveille ? J'te le donne en mille, Émile : Berthe !

San-Antonio, *La Fête des paires*, p. 140.

On doit à Coluche le fameux ***Je vous le donne, Émile !***, raccourci en forme de calembour, compréhensible si on a en tête le *en mille* de la formule initiale. Cette version-là a fait fortune, d'une part parce qu'elle est inattendue (c'est une pirouette par rapport à la précédente), et sans doute aussi parce que le prénom *Émile*, qui évoque le Français moyen, était en accord avec l'univers populaire de Coluche.

> (...) les catholiques... ils se bourrent la gueule entre eux main'nant (...) ils se sont battus à coups de poing dans les églises !... je vous le donne Émile (...) c'était pour savoir dans quelle langue ils allaient dire la messe... si y a un truc dont on se fout...
>
> Coluche, *Les Militaires* (enregistré en 1977), *Coluche Intégrale.*

Pardon, Jules !

« Excusez du peu ! J'vous raconte pas ! »
Exclamation superlative utilisée pour faire partager à autrui un état d'âme, qu'il soit enthousiaste ou désabusé.

Tu vois ça d'ici, Mimi !

Pour renforcer la complicité avec un interlocuteur, l'inciter à imaginer un événement et à le considérer d'un œil mi-amusé mi-admiratif. L'interjection peut aussi bien être adressée à soi-même :

Il avait trouvé son adresse *(celle d'un auteur dramatique)* dans l'annuaire. Au culot, sans se tracasser, il irait lui rendre visite. Pourquoi pas ? Si sa pièce lui plaisait... Quel changement de décor ! Tu vois ça d'ici, Mimi ?

R. Guérin, *L'Apprenti*, p. 318.

... Congratulations

C'est super, Albert !

Résurgence d'un prénom démodé qui évoque le Français moyen, comme Marcel ou Émile, pour prolonger le récent mais désormais classique C'*est super !* L'intention ludique est manifeste dans cette formule enthousiaste fort prisée des adolescents.

C'est super, Albert ! (Les animateurs des jeux télévisés) persuadent leurs hôtes qu'ils vivent une aventure « inouiiiie, senssssationnelle (...) ». Vaguement émus d'être là, nos candidats reluquent ces dieux de l'Olympe qui leur tendent le micro en les appelant par leur prénom.

20 Ans, n° 75, novembre 1992, p. 110.

Le procédé est effectivement utilisé par les animateurs de jeux télévisés, qui bâtissent autour du prénom de leur interlocuteur un jeu d'interjections rimées : ***C'est gagné, Didier !***

– C'est gagné, Didier... Les doigts dans le nez !

(*Que le meilleur gagne*, jeu, France 2, 26 juin 1993.)

Vive Zému !

À l'origine, réplique adressée en chœur par l'assistance à un orateur qui commence son discours par le rituel : « Je suis-z-ému... » Ce calembour peut aussi s'employer sans préambule pour encourager quelqu'un qui s'apprête à prendre la parole en public.

... Charme

Passez-moi la crème, Anselme !

Formule cousue main relevée dans une publication destinée aux adolescentes. On apprécie, dans cette tranche d'âge, les créations ludiques.
Anselme, prénom rétro et un peu aristocratique, se trouve doublement motivé : un, par l'assonance, deux, parce qu'il fait écho au vouvoiement choisi dans la première partie de l'interjection.

> Passez-moi la crème, Anselme ! (...) La crème solaire, volupté de l'été. Se faire enduire le dos par une personne du sexe opposé, c'est agréable. Une bonne relation d'épiderme sur la plage ne fait pas de mal. À condition de savoir dire « merciiiii » assez rapidement (...).
>
> *20 Ans*, n° 71, juillet 1992, p. 74.

Étonnez-moi, Benoît !

C'est le titre d'une chanson interprétée par Françoise Hardy (paroles de Patrick Modiano) en 1970.
Une génération plus tard, cet adage de séduction un peu désuet réapparaît dans une série télévisée américaine destinée aux adolescents. Résurgence rendue possible par l'engouement actuel pour ce type d'interjection.

> *Une femme mariée éconduit un dragueur... Elle lui propose une dernière danse. Il est réticent.*
> Elle : Étonnez-moi, Benoît !
>
> *Quoi de neuf, Docteur,*
> série, France 2, 14 septembre 1992.

La même formule peut aussi surgir dans une conversation banale, comme un jeu gratuit, un simple réflexe de langage. Même dans ce cas, la notion de séduction subsiste.

> *Dialogue entre un monteur de pages et une secrétaire de rédaction, au journal* L'Est républicain :
> Elle : Je suis étonnée... Je n'avais pas demandé un italique sur le titre.
> Lui : Étonnez-moi, Benoît !
>
> (Relevé le 8 juillet 1993.)

Sensations

Renifle, Quentin… Il y a du beurre au pot !
« Formulette satirique », selon Eugène Rolland, qui rapporte ce conseil haut en couleur adressé aux enfants enrhumés… On peut imaginer sans peine un autre sens – scatologique – fondé sur l'emploi métaphorique de *pot* « fondement, cul ».
Il existe quelques rares formules, pas toutes destinées aux enfants d'ailleurs, qui utilisent le biais de la métaphore pour dire les désordres et les nécessités du corps, exprimer d'une manière désinvolte le désir ou la satisfaction, faire allusion aux pratiques sexuelles. L'objectif est de mettre en avant des sensations que les convenances nous font habituellement taire.
… En bref, Alice, Alphonse ou Charlotte ont été sollicités pour nous permettre de jouer avec le tabou.

Quel bordel, Madame Adèle ! Quel boxon, Monsieur Léon !

Exclamation superlative subtilement développée à partir d'une locution interjective familière : *Quel bordel !* « Quel désordre ! »
Le double jeu de rimes en écho et la répétition ludique d'un même message sous des emballages formels différents font une formule à tiroirs parfaite, qu'il serait amusant d'utiliser à l'occasion.

> *Edmond, veilleur de nuit, est parti à la recherche du Saint-Père, au Vatican :*
> il traverse les salons
> tu parles d'un bobinard
> mon vieil Edmond
> quel bordel Madame Adèle
> quel boxon Monsieur Léon
>
> J. Prévert, *La Crosse en l'air*, p. 144.

Ça glisse, Alice !

Au premier degré, simple prolongement ludique de *Ça glisse !* qui s'utilise dans des situations banales (quelqu'un ou quelque chose glisse sur un sol mouillé, une surface lisse, un plan incliné, etc.).

> Le terrain était en pente, couvert de buissons d'épines. « Ça glisse, Alice », pensa-t-il. (…) Arrivé au fond du fossé, Querelle s'immobilisa un instant.
>
> J. Genet, *Querelle de Brest*, p. 50.

L'expression peut aussi être entendue comme une métaphore érotique : « … le glissement ou la glissade évoqués sont d'ordre intime. On ne glisse pas "sur", on glisse "dans". C'est une façon très désinvolte d'exprimer une satisfaction amoureuse » (Jacques Cellard). Même équivoque dans ***J'enfonce, Alphonse !***

J'enfonce, Alphonse !

Au premier degré, l'expression, bâtie autour d'une copieuse rime intérieure, s'utilise dans une situation appropriée : un sol meuble (boueux, sableux, marécageux, enneigé…) rend la marche malaisée.
Dans certains contextes, l'expression prend une connotation érotique ; c'est l'acte sexuel, et plus particulièrement la sodomie, qui est alors implicitement évoqué.

> Le terrain était en pente, couvert de buissons d'épines. « Ça glisse, Alice », pensa-t-il. Et presque aussitôt : « J'enfonce, Alphonse. J'rentre dans la terre jaune. »
>
> J. Genet, *Querelle de Brest,* p. 50.

Y a bon Banania !

Reprise d'un slogan célèbre de la première moitié du XXe siècle (publicité pour le chocolat en poudre Banania). Comme c'est le cas pour d'autres formules publicitaires devenues, par détournement, des interjections, celle-ci a gardé sa signification fondamentale : exprimer l'envie devant ce qui est alléchant. Ainsi on emploie désormais l'expression en présence de quelque chose ou de quelqu'un qui excite la convoitise.

Tu rotes, Charlotte !

Pour souligner de manière malicieuse une éructation intempestive. On ajoute parfois... ***Ton cul ballotte !*** pour renchérir, avec quatre nouvelles syllabes qui répondent aux quatre premières et s'achèvent sur des sonorités identiques. La formule a des allures de comptine, elle s'adresse plutôt aux enfants.
Comme cette variante dialoguée, que me signale Alain Rey, en précisant « entendu avant 1940 » : « ***Tu rotes, Charlotte ? – Non maman, je crotte !*** – Oh ! la vilaine, c'est encore plus sale... »
Même public pour : ***Tu pètes, Zézette !***, formule construite sur quatre syllabes, avec un effet de rime intérieure. Le diminutif utilisé en apostrophe, lui-même bâti sur un redoublement, confirme l'aspect ludique de ce commentaire familier, réservé aux circonstances que l'on devine.

Clic-clac, merci Kodak !

Formule publicitaire détournée (publicité pour les appareils photo Kodak, 1951). S'utilise, par jeu, au moment où l'on prend une photo pour souligner la rapidité, la facilité de l'opération.

> L'épilogue, c'est la remise du prix *Paris-Match* pour la meilleure photo (...). Chirac (toujours sur la brèche) raconte qu'il vient de découvrir un appareil photo formidable : t'as rien à faire, t'appuies sur le bouton, l'appareil fait le reste, clic-clac, merci Kodak !
>
> A. Rémond, *Télérama*, n° 2259, 28 avril 1993, p. 88.

Mais aussi, d'une manière allusive, quand il y aurait une photo à prendre, en particulier devant une scène érotique furtive. Cet emploi, fondé sur la virtualité ludique de toute capture photographique, amusait les enfants dans les années soixante. Il semble avoir disparu.

Des enfants jouent aux billes. Une petite fille, accroupie, laisse entrevoir sa culotte. Un garçon :
– Clic-clac, merci Kodak !

(Souvenir d'enfance.)

Sources des exemples

Sources textuelles

Bayon, *Le Lycéen*, Paris, Le Livre de Poche, n° 6992, 1991 (1987).
Beck, Béatrix, *Vulgaires Vies*, Paris, Grasset, 1992.
Bedos, Guy, *Inconsolable et Gai*, Paris, Éd. du Seuil, 1991.
Bedos, Guy, et Daumier, Sophie, *La Drague*, L'Avant-Scène Théâtre, n° 538, 1er avril 1974.
Bichonnier, Henriette, *Pincemi Pincemoi et la Sorcière*, Paris, Gallimard, « Folio benjamin », n° 43, 1986.
Bougues-Montès, Jacques de, *Chez Auguste*, Paris, Éd. du Guépard, 1982.
Brétecher, Claire, « Ingrate Agrippine », *Le Nouvel Observateur*, 21-27 mars 1991.
Bruant, Aristide, *Les Bas-Fonds de Paris*, Paris, J. Rouff et Cie éd., 2 vol., s.d. (entre 1885 et 1897).
Conchon, George, *Le Sucre*, Paris, Albin Michel, 1977.
Dabadie, Jean-Loup, *Bonne fête Paulette*, Paris, Albin Michel, 1993.
Delafosse, Claude, *Panique au cirque*, Paris, Bayard-Presse, L'École des loisirs, 1986.
Édika, *Relax, Max*, Paris, Fluide Glacial, n° 16, 1991.
Ephron, Delia, *C'est obligé de dire merci ?*, Paris, Éd. du Seuil, « Petit Point », n° 40, 1992 (trad. de l'anglais par Anne Debarède).

Folly, Jeanne, et Hanska, Évane, *Le Manuel de la garce*, Paris, J.-C. Lattès, 1985.
Forlani, Remo, *Papa est parti Maman aussi*, Paris, Gallimard, « Folio », n° 1914, 1988 (1986).
Francos, Ania, *Sauve-toi, Lola*, Paris, Barrault, 1983.
Franquin, *Gaston*, vol. 11, *Gaffes, Bévues et Boulettes*, Paris, Dupuis, 1977.
Fred, *Le fond de l'air est frais*, Paris, Dargaud, 1973.
Genet, Jean, *Querelle de Brest. Œuvres complètes*, Paris, Gallimard, « Bibliothèque de la Pléiade », 1947, t. III.
Godard, Jean-Luc, *Pierrot-le-fou*, L'Avant-Scène Cinéma, n° 171/172, juillet-septembre 1976.
Guérin, Raymond, *L'Apprenti*, Paris, Gallimard, 1949 (1946).
– *Les Poulpes*, Paris, Le Tout sur le Tout, 1983 (1953).
Houssin, Joël, *Faites pas pleurer le Dobermann !*, Paris, Fleuve noir, 1983.
Hugo, Victor, *Les Misérables*, Paris, Garnier, 1957 (1862), t. II.
Joly, Fanny, et Joly, Thierry, *La Si Jolie Vie de Sylvie Joly*, Paris, Olivier Orban, 1992.
Lion, Julius A., *N° 5 paysage*, Paris, Gallimard, « Série noire », n° 2155, 1988.
Loughran, Peter, *Londres-Express*, Paris, Gallimard, 1967 (trad. de l'anglais par Marcel Duhamel).
Manœuvre, Philippe, *L'Enfant du rock*, Paris, Le Livre de Poche, n° 6243, 1986.
Oppel, *Barjot !*, Paris, Gallimard, « Série noire », n° 2119, 1988.
Pagan, Hugues, *Les Eaux mortes*, Paris, Rivages/Noir, n° 17, 1986.
Prévert, Jacques, *La Crosse en l'air. Paroles*, Paris, Éd. du Point du jour, 1948 (1936).
Reberg, Évelyne, *Olga Oh ! la la !*, Paris, Flammarion, « Castor Poche », n° 126, 1985.
Reboux, Paul, et Muller, Charles, *À la manière de (Racine)*, 1913, t. II.
Roland, Thierry, et Larqué, Jean-Michel, *Tout à fait, Jean-Michel !*, Paris, Éd. du Seuil, « Point-Virgule », n° 125, 1993.

Rondeau, Daniel, *L'Âge-déraison*, Paris, Éd. du Seuil, « Point-Virgule », n° 7, 1982.
Sabatier, Robert, *Les Fillettes chantantes*, Paris, Albin Michel, 1980.
San-Antonio, *En long, en large et en travers*, Paris, Fleuve noir, 1958.
– *Au suivant de ces messieurs*, Paris, Fleuve noir, 1967.
– *La Fête des paires*, Paris, Fleuve noir, 1986.
– *La vieille qui marchait dans la mer*, Paris, Presses Pocket, 1991 (1988).
Siraudin et Blum, *Mont-Joie fait peur*, Paris, Dentu, 1863.
Steinbeck, John, *Tortilla Flat*, Paris, Folio n° 69, 1972 (trad. de l'anglais par Brigitte V. Barbey).
Sue, Eugène, *Le Juge. Comédies sociales*, Paris, Paulin, 1839.
Tenaille, Marie, *Pas de chance, Constance !*, Paris, Bayard-Presse, Belles Histoires de Pomme d'Api, 1979.
Truffaut, François, *et alii*, *L'Amour en fuite*, L'Avant-Scène Cinéma, n° 254, 15 octobre 1980.

Journaux et périodiques

Elle
Globe Hebdo
Grandes Lignes (publication destinée aux usagers de la SNCF
Kadouce (bimestriel d'information du groupe K. A.)
Le Monde
Libération
Madame Figaro
Le Nouvel Observateur
Oxygen
Télérama
20 Ans.

Films et émissions télévisées

Bresson, Robert, *Au hasard Balthazar* (scénario : Robert Bresson), 1966.
Christian-Jaque, *Les Disparus de Saint-Agil* (scénario : Christian-Jaque, Pierre Véry), 1937.
Pintille, Lucian, *Le Chêne* (scénario : Lucian Pintille), 1991.
Poiré, Jean-Marie, *Le Père Noël est une ordure* (scénario : Josiane Balasko, Jean-Marie Poiré *et alii*), 1982.
Rouffio, Jacques, *Le Sucre* (scénario : George Conchon, Jacques Rouffio), 1978.
Zemeckis, Robert, *Retour vers le Futur II* (scénario : Bob Gale), 1989.
Journal Télévisé, France 2
Top 50, Canal+
Les Guignols de l'Info, Canal+
Merci Bernard !, émission réalisée par Jean-Michel Ribes, 1982-1983, FR3
La Roue de la fortune, jeu, TF1
Lycée Alpin, série, France 2
Myster Mask, dessin animé, TF1
Quoi de neuf, Docteur, série, France 2
Sauvés par le gong, série, France 2
Publicité télévisée pour le PMU

Enregistrements

Bashung, Alain, et Fauque, Jean, *Osez Joséphine*, Éd. Polygram, 1991.
Coluche, *Les Militaires*, *Coluche Intégrale*, Carrère Production, vol. 2, n° 5, Éd. Martinez Lederman, 1989.
Dutronc, Jacques, et Lanzmann, Jacques, *La Fille du père Noël*, Éd. Musicales Alpha, 1966.

Loriol, Ph., et Vincy, Raymond, *C'est un refrain de Provence*, Éd. Semi/Plante, 1938.
Misraki, Paul, *Tout va très bien, madame la marquise*, Éd. Ray Ventura, 1935.
Modiano, Patrick, *Étonnez-moi, Benoît*, Éd. Tilt Music/ Semi, 1970.

Documents linguistiques et lexicologiques

Barthes, Roland, *Mythologies*, Paris, Éd. du Seuil, 1970 (1957).
Bauche, Henri, *Le Langage populaire*, Paris, Payot, 1928.
Bernet, Charles, et Rézeau, Pierre, *Dictionnaire du français parlé*, Paris, Le Seuil, 1989.
Caradec, François, *N'ayons pas peur des mots*, Paris, Larousse, 1988.
Cellard, Jacques, *Ça mange pas de pain !*, Paris, Hachette, 1982.
Cellard, Jacques, et Rey, Alain, *Dictionnaire du français non conventionnel*, 2e éd., Paris, Hachette, 1991 (1re éd. 1980).
Colin, Jean-Paul, et Mével, Jean-Pierre, *Dictionnaire de l'argot*, Paris, Larousse, 1990.
D. D. L. : Datations et Documents Lexicographiques, publiés par l'Institut de la Langue française sous la direction de Bernard Quémada, nos 19, 32, 38, par Pierre Enckell, Paris, Klincksieck.
Delvau, Alfred, *Dictionnaire de la langue verte*, Paris, Dentu, 1867.
Doutrepont, Georges, *Prénoms français à sens péjoratif*, Bruxelles, Lamertin, 1929.
Duneton, Claude, *Le Bouquet des expressions imagées*, Paris, Éd. du Seuil, 1990.
Germa, Pierre, « *Minute papillon !* » Paris, Hermé, 1986.
Griniova, E. F., et Gromova, T. N., *Dictionnaire du français familier et populaire*, Moscou, Rousski Yazik, 1987.

Guiraud, Pierre, *Les Jeux de mots*, Paris, PUF, « Que sais-je ? », n° 1656, 1976.

Hesbois, Laure, *Les Jeux de langage*, Ottawa, Les Presses de l'université d'Ottawa, 1988.

Jakobson, Roman, *Essais de linguistique générale*, Paris, Les Éditions de Minuit, 1963.

Larchey, Lorédan, *Dictionnaire de l'argot parisien*, Paris, F. Polo, 1872.

– *Dictionnaire historique d'argot*, Paris, Dentu, 1881.

Merle, Pierre, *Dictionnaire du français branché*, suivi du *Guide du français tic et toc*, Paris, Éd. du Seuil, « Point-Virgule », n° 68, 1989.

Nizier du Puitspelu, *Littré de la Grande Côte*, Lyon, 1894.

Oudin, Antoine, *Curiositez françoises*, Paris, A. de Sommaville, 1640.

Rey, Alain, Chantreau, Sophie, *Dictionnaire des expressions et locutions*, Paris, Dictionnaires Le Robert, Les Usuels, 2e éd., 1993 (1re éd., 1979).

Rolland, Eugène, *Les Littératures populaires de toutes les nations*, t. XIV, *Rimes et Jeux de l'enfance*, Paris, Maison neuve, 1883.

Wellhoff, Thierry, *15 Ans de signatures publicitaires : quand le slogan devient devise*, Paris, Dunod, 1991.

Index

Table

Avant d'y aller

Allons-y voir

Performances

De l'audace, encore de l'audace...

On se calme !

Résignés et battants

Entre renoncement et soumission…

… Et aux antipodes

Tout va, tout va bien

Ambiguïtés

Amabilités

Savoir-vivre

... Le B. A.-Ba

... Convivialité

... Commodités pour la conversation

MAQUETTE ET RÉALISATION : PAO ÉDITIONS DU SEUIL.
IMPRESSION : HÉRISSEY À ÉVREUX.
DÉPÔT LÉGAL : JANVIER 1994. N° 20051.